AF609406

ROLIHLAHLA MANDELA

Daouda Dembélé

Rolihlahla Mandela

Pièce en deux actes

THÉÂTRE

Les Éditions du Blé
Saint-Boniface (Manitoba)

Nous remercions le Conseil des arts du Canada et le Conseil des arts du Manitoba de l'aide accordée à notre programme de publication.

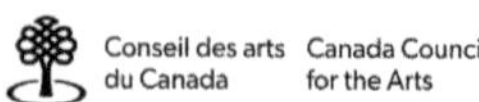

Nous reconnaissons l'appui financier de la Direction des arts du ministère de Sport, Culture et Patrimoine de la province du Manitoba.

Maquette de couverture : Éric Ouimet

Illustration de la couverture : Anna Binta Diallo

Mise en pages : Lucien Chaput

Les Éditions du Blé
340, boulevard Provencher
Saint-Boniface (Manitoba) R2H 0G7

http://ble.avoslivres.ca

Distribution en librairie : Diffusion Dimedia, St-Laurent (Québec)

Catalogage avant publication de Bibliothèque et Archives Canada

Dembélé, Daouda, 1969-, auteur
Rolihlahla Mandela / Daouda Dembélé.

Pièce de théâtre.
Publié en formats imprimé(s) et électronique(s).
ISBN 978-2-924378-48-9 (couverture souple)
ISBN 978-2-924378-49-6 (PDF)
ISBN 978-2-924378-52-6 (EPUB)

I. Titre.

PS8607.E497R65 2016 C842'.6 C2016-906872-2
C2016-906873-0

© 2016 – Les Éditions du Blé et Daouda Dembélé
Tous droits de traduction, de reproduction et d'adaptation réservés pour tous les pays.

ROLIHLAHLA MANDELA

Pièce en deux actes
basée sur l'autobiographie de Nelson Mandela,
Un long chemin vers la liberté
(A Long Walk to Freedom)

Personnages

Rolihlahla (Nelson Mandela jeune)

Madiba (Nelson Mandela âgé)

Justice (le frère de Nelson Mandela)

Le Régent (le père de Justice et le père adoptif de Nelson Mandela)

Walter Sisulu (le mentor politique, devenu ami intime de Nelson Mandela)

Frederik de Klerk (le Président de l'Afrique du Sud)

Marike de Klerk (l'épouse du Président)

James Gregory (le chef des gardes de la prison)

Desmond Tutu (l'archevêque)

Winnie Mandela (la seconde épouse de Mandela)

Nat Bregman (un membre du Parti communiste de l'Afrique du Sud, ami de Walter Sisulu)

Zindziswa (Zindzi) Mandela (la fille de Nelson Mandela)

Nonqaphi (Nosekeni) Fanny (la mère de Nelson Mandela)

Gadla Henry Mphakanyiswa (le père de Nelson Mandela)

Denis Goldberg (un Juif sud-africain qui aide Mandela à créer son groupe armé *Umkhonto we Siswe*)

Docteur Quartus de Wet (le juge présidant le procès de Rivonia)

Introduction

DESMOND TUTU, *entre et regarde le public* — Ah, vous êtes nombreux ! Alors, je vous présente notre nouveau président, le tout premier, fraîchement et démocratiquement élu, Nelson… Nelson Mandela !

Discours de la liberté

1994, Pretoria.

Madiba, Walter Sisulu, Winnie Mandela, Frederik Willem et Marike de Klerk, James Gregory et deux gardes du corps, le public

JAMES GREGORY — Dégagez le chemin ! Dégagez ! Tassez-vous ! Faites de la place ! Ouvrez la voie ! Ouvrez ! Eh, vous ! Poussez-vous et libérez la place ! *(Il regarde Mandela en coulisses et dit :)* Madiba ! Vous pouvez avancer…

LE PUBLIC — Madiba ! Nous t'aimons, Mandela ! Mandela ! Madiba !

JAMES GREGORY — Madiba ! Approchez ! Approchez !

Mandela entre, accompagné de Winnie Mandela, de Klerk, Walter Sisulu et James Gregory.

DESMOND TUTU — Alors, accueillez notre nouveau président et applaudissez chaleureusement notre tout nouvel hymne national pour une Afrique du Sud qui vient de naître.

ENSEMBLE —

*Nkosi Sikelel' iAfrika**

Nkosi sikelel' iAfrika *Maluphakanyisw' uphondo lwayo,*	Que Dieu bénisse l'Afrique Que ses cornes soient levées,
Yizwa imithandazo yethu, *Nkosi sikelela, thina* *lusapho lwayo.*	Écoute aussi nos prières, Seigneur, bénis-nous, nous sommes la famille de cette Afrique.
Morena boloka setjhaba *sa heso,* *O fedise dintwa le* *matshwenyeho,* *O se boloke, O se boloke* *setjhaba sa heso, Setjhaba sa,* *South Afrika – South Afrika.*	Seigneur, bénis notre, nation Arrête les guerres et les souffrances, Sauve-la, sauve notre nation, La nation d'Afrique du Sud – Afrique du Sud.

* *Nkosi Sikelel' iAfrika* a été originalement composé en 1897 par Enoch Sontonga, un enseignant de l'école méthodiste.

Uit die blou van onse hemel,
Uit die diepte van ons see,
Oor ons ewige gebergtes,
Waar die kranse
antwoord gee,

Du bleu de nos paradis,
Du fond de nos mers,
Du haut de nos montagnes,
Où les sommets
nous répondent

Sounds the call
to come together,
And united we shall stand,
Let us live and strive
for freedom
In South Africa our land.

Retentit l'appel à l'unité
Et c'est unis que
nous serons,
Vivons et luttons pour que
la liberté triomphe
En Afrique du Sud,
notre nation.

MADIBA, *s'adressant au public* — Amandla !

LE PUBLIC — Le Pouvoir !

MADIBA — Ngawethu !

LE PUBLIC — Au peuple !

MADIBA, *surpris par la réaction du public, ne sait pas quoi dire* — Ah ! …

WINNIE MANDELA, *désactive son micro et se tourne vers Mandela* — Madiba, tu peux parler…

MADIBA, *son micro fonctionne quand il répond à Winnie Mandela* — Mais ils sont nombreux !

DE KLERK, *désactive à son tour son micro* — Mandela ! On t'entend !

MADIBA — Comment ? On m'entend ?

DE KLERK — Ton micro, Mandela !

LE PUBLIC — Madiba ! Nous t'aimons... Madiba ! Madiba !

MADIBA, *désactive son micro et dit à de Klerk* — On dirait que j'ai passé trop de temps en prison...

DE KLERK — Je pense que oui. Tu vas devoir vite t'adapter à la nouvelle technologie.

MADIBA, *active son micro et s'adresse au public* — Amandla ! Ngawethu !

LE PUBLIC — Afrika ! Mayibuye !

MADIBA — Majestés ! Altesses ! Distingués invités, camarades et amis !*

« Aujourd'hui, nous tous, par notre présence ici et par nos célébrations dans d'autres régions de notre pays et du monde, nous conférons gloire et espoir à une liberté qui vient de naître.

« J'ai appris que le courage n'est pas l'absence de peur, mais la capacité de la vaincre.

« Nous avons réussi à implanter l'espoir dans le cœur de millions de personnes de notre peuple. Nous nous engageons à bâtir une société où tous les Sud-Africains, qu'ils soient Blancs ou Noirs, pourront se tenir debout et marcher sans crainte,

---

* Les passages qui suivent entre guillemets sont extraits du discours d'investiture de Nelson Mandela à la présidence de la république de l'Afrique du Sud le 10 mai 1994.

sûrs de leur droit inaliénable à la dignité humaine – une nation arc-en-ciel, en paix avec elle-même et avec le monde. Le chemin vers la liberté n'est pas facile, aucun être humain ne peut réussir seul. Nous devons donc agir ensemble, comme un peuple uni, et cheminer vers une réconciliation nationale, vers la construction d'une nation, vers la naissance d'un nouveau monde. Que la justice soit la même pour tous ! Que la paix existe pour tous ! Qu'il y ait du travail, du pain, de l'eau et du sel pour tous ! »

Réaction enthousiaste du public.

« Le temps de soigner les blessures est arrivé. Le temps de combler les fossés qui nous séparent est arrivé. Le temps de construire est arrivé. Que chacun d'entre nous sache que son corps, son esprit et son âme ont été libérés afin qu'il puisse s'épanouir. »

Trouvons les mots qui s'offrent à chacun d'entre nous, là où nous vivons, pour faire que nos actes soient au service de tous ! Merci ! Que Dieu bénisse l'Afrique du Sud !

ACTE 1

Scène 1

11 juillet 1963, dans le camp d'entraînement de Umkhonto we Siswe, *l'armée de Nelson Mandela.*

Denis Goldberg, Walter Sisulu, les dignitaires du Congrès national africain, les membres du parti communiste de l'Afrique du Sud, les troupes, les forces de l'ordre*

DENIS GOLDBERG, *essaie de galvaniser les troupes* — Camarades ! Est-ce que vous êtes prêts ?

Les TROUPES — Oui ! Mon général, nous sommes prêts !

DENIS GOLDBERG — Amandla !

Les TROUPES — Ngawethu !

DENIS GOLDBERG — Nous vivons un moment difficile de notre histoire, l'histoire de notre peuple, l'histoire de notre pays, l'Afrique du Sud.

---

* ANC (African National Congress)

UN MEMBRE DES TROUPES — Oui, mon général, un moment difficile et déterminant.

DENIS GOLDBERG — Il y a trois ans que nous avons averti notre gouvernement ségrégationniste d'arrêter leur politique d'apartheid contre le peuple de notre cher pays... Nos avertissements sont tombés dans les oreilles de sourds.

UN AUTRE MEMBRE DES TROUPES — Oui, mon général, dans les oreilles de sourds et de criminels !

DENIS GOLDBERG — En juin 1961, notre armée *Umkhonto we Siswe* a vu le jour. Le 16 décembre de cette même année, nous avons lancé notre première attaque avec succès contre les installations de ce gouvernement d'apartheid !

UN AUTRE MEMBRE DES TROUPES — Oui, mon général ! Et avec beaucoup de succès !

DENIS GOLDBERG — Depuis lors, nous avons mené d'autres attaques contre le gouvernement, toujours en épargnant les civils. Malgré les arrestations et les emprisonnements injustifiés de nos membres par la police illégale de Pretoria, nous n'avons jamais reculé, ni paniqué, ni cédé à la provocation...

UN MEMBRE DES TROUPES — Non ! Mon général, nous ne nous attaquons jamais aux civils !

DENIS GOLDBERG — Comme vous le savez, parmi nos camarades arrêtés par la police illégale de Pretoria depuis un an, il y a notre cher camarade, le chef et le cofondateur de notre armée *Umkhonto we Siswe*, notre très cher frère, Nelson Mandela.

LES TROUPES — Mandela ! Mandela ! Mandela !

DENIS GOLDBERG — Il a été appréhendé par la police à son retour de sa tournée internationale où il a eu la chance de rencontrer plusieurs présidents africains venus majoritairement des pays francophones de l'Afrique. Ils nous appuient et supportent notre combat pour la liberté de notre peuple !

LES TROUPES — Amandla !

DENIS GOLDBERG — Ngawethu !

DENIS GOLDBERG — Je me permets de vous rappeler ici quelques lignes du plaidoyer de notre frère Mandela lors de son procès de 1961, maintenant célèbre et connu sous le nom du procès de Pretoria. Lorsque que le juge lui demanda les raisons de son voyage, il répondit en ces termes :

« Ce voyage à travers le continent me fit une profonde impression. Pour la première fois de ma vie, j'étais un homme libre, libéré de toute oppression blanche, de la stupidité de l'apartheid et de l'arrogance raciale, des mauvais traitements de la police, de l'humiliation et de l'état d'infériorité où nous sommes tenus. Partout où j'allais, j'étais traité comme un être humain. J'ai rencontré Julius Nyerere, le président du Tanganyika, et Rashidi Kawawa, son premier ministre. Je fus reçu par l'empereur Haïlé Sélassié de l'Éthiopie, par le général Abboud, président du Soudan, par Habid Bourguiba, président de la République tunisienne, et par Modibo Keita, de la République du Mali. J'ai rencontré Léopold Sédar Senghor, président du

Sénégal. J'ai parlé au président Félix Houphoüet Boigny de la Côte d'Ivoire et les présidents Touré et Tubman de Guinée et du Libéria. J'ai rencontré le président Kwame Nkrumak du Ghana. J'ai rencontré Ben Bella, premier ministre algérien, et le colonel Boumédiène, commandant en chef de l'Armée de libération nationale. J'ai vu l'élite de la jeunesse algérienne qui a lutté contre l'impérialisme français et dont le courage a fini par faire triompher la cause de la liberté et du bonheur. À Londres, j'ai été reçu par Hugh Gaitskell, leader du parti travailliste, et par Jo Grimond, leader du parti libéral, ainsi que par d'autres personnalités anglaises. J'ai rencontré Oboté, premier ministre d'Ouganda, et de grands nationalistes africains, comme Kenneth Kaunda, Oginga Odinga, Joshua Nkomo, et bien d'autres. Dans tous ces pays on nous a offert l'hospitalité et promis un ferme soutien. »*

LES TROUPES — Libérez Mandela ! Libérez Mandela !

DENIS GOLDBERG — Malgré son acquittement durant le procès de Pretoria en 1961 pour insuffisance de preuves, les amoureux de l'apartheid ont trouvé d'autres raisons injustifiées pour le faire arrêter un an plus tard. Alors, nous ne pouvons pas rester les bras croisés devant cette tyrannie incessante !

UN MEMBRE DES TROUPES — Non ! Intensifions nos attaques contre les installations du gouvernent !

---

* Ces passages sont extraits du texte du plaidoyer de Nelson Mandela pendant son procès de Pretoria en 1961.

DENIS GOLDBERG — En ce jour du 11 juillet 1963, moi, Denis Goldberg, Juif d'Afrique du Sud, membre du parti démocratique de l'Afrique du Sud, sympathisant du Congrès national africain et votre assistant en armement, je suis ici avec vous, mes collègues et partenaires, pour vous féliciter du travail bien fait. Et que la lutte continue ! *(Un temps.)* Acclamons très fort la présence d'Arthur Goldreich, ici présent, notre ami et frère juif sud-africain, membre du parti communiste de notre pays. C'est lui, le propriétaire de la ferme ici à Rivonia qui héberge notre camp militaire.

LES TROUPES, *acclament* — Arthur ! Arthur ! Arthur !

DENIS GOLDBERG — Du calme ! Du calme ! Nous avons aussi parmi nous notre cher stratège politique, monsieur Walter Sisulu du Congrès national africain !

LES TROUPES — Sisulu ! Sisulu ! Sisulu !

DENIS GOLDBERG — Ils sont présents avec messieurs Govan Mbeki, Raymond Mhlaba, Andrew Mlangeni, Elias Motsoaledi, Ahmed Kathrada, Billy Nair, Lionel Bernstein, Bob Hepple, Harold Wolpee et James Kantor ! *(Un temps.)* Nous n'oublions pas que tous ces…

Soudainement des représentants des forces l'ordre sud-africain se présentent sur scène et procèdent aux arrestations.

Scène 2

1964, le procès de Rivonia.

Le juge Quartus de Wet, Nelson Mandela, quelques membres de la haute cour de justice sud-africaine*

QUARTUS DE WET, *s'adressant à la cour* — Ouf ! Enfin ! Oui, c'est avec un grand soulagement que j'ouvre l'audience aujourd'hui, car cela fait depuis plus de cinq mois que nous sommes dans ce procès de Rivonia. Depuis le mois d'octobre de l'année dernière 1963 ! Nous avons vu, entendu et observé les différents accusés et plusieurs témoins devant notre haute cour du Transvaal. Aujourd'hui, en ce mois d'avril, de cette année 1964, nous arrivons finalement au plaidoyer de notre dernier accusé. Je demanderai à la cour d'être très attentive, vigilante et patiente puisqu'il est avocat. Il comprend donc très bien nos lois et maîtrise bien les techniques de défense. Ceci étant dit, nous pouvons faire rentrer l'accusé qui a déjà prêté serment et a plaidé non coupable aux 221 charges d'actes de sabotage qui lui sont reprochées.

---

* Le juge Quartus de Wet, né à Pretoria en 1899 et décédé en 1980, était un juge de la juridiction du Transvaal en Afrique du Sud. Diplômé en droit, avocat inscrit au barreau de Pretoria en 1922, juge au banc du Transvaal en 1950, juge président de la haute cour de Transvaal en 1961. Il présida ce procès de Rivonia, époque à laquelle il reçut des menaces de mort et échappa à des tentatives d'assassinat pour avoir prononcé la condamnation à la prison à vie de Nelson Mandela et ses compagnons au lieu de la peine capitale.

NELSON MANDELA, *rentrant sur les acclamations d'une foule de ses sympathisants* — Amandla !

QUARTUS DE WET — Monsieur l'accusé, veuillez décliner une fois de plus votre identité pour les besoins de la cour.

NELSON MANDELA — Oui, monsieur le juge. Je suis Rolihlahla Mandela, également connu sous le nom de Nelson Mandela. Je suis né en…

QUARTUS DE WET, *l'interrompt* — Eh ! Eh ! Lentement, monsieur l'accusé. Pouvez-vous nous épeler votre prénom ? Pour les besoins de la cour ?

NELSON MANDELA — Bien sûr, monsieur le juge. C'est Roli-hla-hla Mandela.

QUARTUS DE WET, *écrit puis essaie de prononcer le nom* — Roli… Rolila… Rolilaha… Écoutez, monsieur l'accusé, pour éliminer tout doute et confusion, notre cour s'adressera désormais à vous sous le nom Mandela. D'accord ? Monsieur Mandela. Hmm… hmmm… *(avec une pointe d'ironie)* Oui, pour les besoins de la cour…

NELSON MANDELA — Oui, monsieur le juge. Ce sera comme vous l'avez déjà décidé.

QUARTUS DE WET — Tant mieux. Vous pouvez continuer votre présentation.

NELSON MANDELA — Merci, monsieur le juge. Je disais que je suis né le 18 juillet 1918 dans le village de Mvezo de la Province de Transkei dans le sud-est de l'Afrique du Sud, donc j'aurai 46 ans en quelques mois. Je suis avocat de profession et membre du bureau politique de la jeunesse du Congrès national africain, l'*African National Congress*.

QUARTUS DE WET — Merci, Mandela, c'est noté. *(Un temps. Il fouille dans ces dossiers.)* Mandela, je vous rappelle, à vous et vos amis messieurs Walter Sisulu, Ahmed Kathrada, Govan Mbeki, Denis Goldberg, Raymond Mhlaba, Lionel Bernstein, James Kantor, Elias Motsoaledi et Andrew Mlangani… je vous rappelle donc que vous êtes tous accusés de trahison. Qu'il vous est reproché 221 actes de sabotage par votre groupe armé *Umkhonto we Siswe*. Quels sont vos arguments de défense devant tous ces actes indéniables dont nous ont parlé plusieurs témoins ici ?

NELSON MANDELA — Merci, monsieur le juge. « Je ne nierai pas le fait que j'ai été un des fondateurs de l'*Umkhonto we Sizwe*, et que j'y ai joué un rôle important jusqu'à mon arrestation, en 1962. Mais je veux dire d'emblée que l'idée émise par l'accusation dans son réquisitoire selon laquelle la lutte en Afrique du Sud serait dirigée par des étrangers ou des communistes est dénuée de tout fondement. Quoi que j'aie fait, je l'ai fait non sous quelque influence extérieure, mais à partir d'une expérience acquise en Afrique du Sud et à cause de mes origines africaines, dont je suis fier. J'aborderai immédiatement la question du sabotage. Certaines des assertions qui ont été énoncées ici sont exactes, d'autres sont fausses. Je ne nie nullement avoir préparé un plan de sabotage. Mais je ne l'ai fait ni par aventurisme ni par amour de la violence en soi. Je l'ai fait à la suite d'une analyse calme et réfléchie de la situation politique, résultat de nombreuses années de tyrannie, d'exploitation et d'oppression de mon peuple par les Blancs. Cependant, la force dont nous usons n'est pas du terrorisme. Les fondateurs de l'*Umkhonto* étaient tous membres du Congrès national africain et nous avions derrière nous une longue tradition de non-violence et de recours à la négociation pour résoudre les conflits politiques. Nous pensons que l'Afrique du Sud appartient à tous ceux qui y vivent, et non à un groupe, qu'il soit noir ou blanc. Nous ne voulons pas d'une guerre interraciale, et nous avons essayé de l'éviter jusqu'à la dernière minute. La Cour constatera sans peine que toute l'histoire de notre organisation confirme ce que j'ai dit et ce que je vais dire, lorsque j'aurai décrit les tactiques que l'*Umkhonto* décida de pratiquer. En 1956, cent cinquante-six membres dirigeants du Congrès national africain, dont j'étais, furent arrêtés sous l'inculpation de haute trahison et inculpés en vertu de la Loi sur la suppression du communisme. L'accusation mit en doute la politique non violente du Congrès national africain, mais la Cour en vint à la conclusion qu'il ne pratiquait pas une politique de violence. Pourtant, cinq ans plus tard, nous fûmes acquittés de tous les chefs d'accusation, parmi lesquels la prétendue intention d'établir un État communiste à la place du régime existant. Le gouvernement a toujours cherché à qualifier ses adversaires de communistes. Aujourd'hui, il a de nouveau repris ce grief mais, ainsi que je le montrerai, le Congrès national africain n'est pas et n'a jamais été une organisation communiste. En 1960, la fusillade de Sharpeville entraîna la proclamation de l'état d'urgence et déclara le Congrès national africain illégal. Après avoir longuement analysé la situation, nous décidâmes, mes compagnons et moi, de ne pas obéir à ce décret, car les Africains ne participaient pas au gouvernement, ni à l'élaboration des lois. Nous croyions, selon les termes de la Déclaration universelle des droits de l'homme, que « l'autorité du gouvernement doit être fondée sur la volonté du peuple ». Nous soumettre à l'interdiction revenait à accepter que les Africains ne participaient pas au gouvernement. Le Congrès national africain refusa donc de se dissoudre et décida d'entrer dans la clandestinité. Notre devoir était, pensions-nous, de préserver cette organisation, résultat précieux de cinquante années d'efforts ininterrompus. On ne doit pas oublier qu'à cette époque, la violence était devenue un des traits caractéristiques de la scène politique sud-africaine. Violence en 1957 lorsque les femmes du Zeerust reçurent l'ordre de se munir de laissez-passer. Violence en 1959 quand les habitants de Cato Manor protestèrent contre les descentes de police pour la vérification des mêmes laissez-passer. Il y eut violence en 1958 quand on imposa les sélections de bétail dans le Sekhukhuniland. Et violence encore quand, en 1960, le gouvernement tenta d'imposer les « autorités bantoues » dans le Pondoland : trente-neuf Africains y trouvèrent la mort. En 1961, il y eut des émeutes à Warmbaths, et le Transkei a été le lieu, durant toute cette période, de troubles permanents. Chaque désordre exprimait clairement la conviction qui se répandait parmi les Africains que la violence devenait la seule solution. Début juin 1961, donc, après avoir murement étudié la situation, nous arrivâmes à la conclusion que les dirigeants africains feraient preuve de peu de réalisme et de clairvoyance s'ils continuaient à prêcher la paix et la non-violence, au moment où le gouvernement répondait à nos requêtes pacifiques par la force. Alors voilà donc les raisons de la création de l'*Umkhonto we Siswe* en juin 1961. Nous connaissons déjà, en Afrique du Sud, un exemple des conséquences d'une guerre. II a fallu plus de cinquante ans pour que les cicatrices de la guerre des Boers* s'effacent. Combien faudrait-il de temps pour effacer celles d'une guerre civile qui provoquerait forcément des massacres immenses ? Le souci d'éviter une telle guerre nous poursuivait depuis de longues années. Quand nous avons décidé d'user de la violence – [et] il y a quatre formes d'action violente possibles : le sabotage, la guérilla, le terrorisme et la révolution ouverte – [n]ous avons choisi d'adopter la première méthode et d'en expérimenter tous les prolongements avant de prendre aucune autre décision. À la lumière de nos origines politiques, ce choix était logique. Le sabotage n'implique pas de perte de vies humaines et

---

* La guerre des Boers réfère à deux conflits intervenus en Afrique du Sud, l'un de 1880 à 1881 et le deuxième du 11 octobre 1899 au 31 mai 1902, tous deux entre les Britanniques et les colons d'origine néerlandaise (appelés les Boers, puis Afrikaners au XXe siècle).

c'est préférable pour sauvegarder l'avenir des relations entre les races. Je vivais à Rivonia dans la clandestinité jusqu'à mon départ pour l'étranger, le 11 janvier 1962. Comme on sait, je suis rentré en Afrique du Sud en juillet 1962 et fus arrêté dans le Natal le 5 août. Notre combat est un combat contre des souffrances réelles, et non pour employer le langage du procureur, « de prétendues souffrances ». Nous combattons essentiellement contre deux aspects caractéristiques de la vie des Africains en Afrique du Sud, maintenus par la législation que nous cherchons à faire abroger : la pauvreté et le non-respect de la dignité humaine. Nous n'avons pas besoin de communistes ou d'agitateurs pour nous enseigner de quoi il s'agit. Tel est le combat du Congrès national africain. Il s'agit vraiment d'une lutte nationale. J'ai consacré toute ma vie à la lutte pour le peuple africain. J'ai combattu la domination blanche et j'ai combattu la domination noire ! Je chéris l'idéal d'une société libre et démocratique, où toutes les personnes vivent ensemble en harmonie et jouissent des mêmes opportunités. C'est un idéal pour lequel j'espère vivre et que j'aspire à réaliser. Mais, si cela s'avère nécessaire, c'est aussi un idéal pour lequel je suis prêt à mourir. »*

QUARTUS DE WET — Étant donné que le dernier accusé a terminé son plaidoyer, nous allons siéger à huis clos, afin de procéder à nos délibérations.

---

* Extrait du texte du plaidoyer de Mandela au procès Rivonia en 1964.

Scène 3

1964, prison de Robben Island.

Garde James Gregory, Nelson Mandela, Walter Sisulu

JAMES GREGORY, *en faisant nerveusement les cent pas, se parle à voix basse* — Oh ! Qu'est-ce que nous avons fait à Dieu pour mériter ce sort ? Pourquoi c'est dans notre prison qu'il faut amener les plus grands criminels du pays ? Il faut que j'en parle à mes collègues. Oui, il faut qu'ils soient bien informés, que nous soyons en alerte maximale. *(Aux gardes)* Gardes ! Gardes ! Rassemblement ! Rassemblement ! Une bonne et une mauvaise nouvelles nous parviennent de Pretoria. Un groupe de quinze terroristes qui posaient des bombes pour tuer nos gouvernants et nos collègues à travers le pays ont été trouvés et condamnés aujourd'hui, ce 12 juin 1964. La mauvaise partie de cette nouvelle, c'est qu'ils sont en route pour la prison de Robben Island, ici. Je vous rappelle que, depuis quelques années, Mandela, celui qu'on surnomme le Mouron Noir, s'était enfui du pays. Nous avons eu beaucoup de difficulté à le localiser à cause de son habileté à se déguiser. Je vous le répète : parmi nos nouveaux locataires, il y a un certain Nelson Mandela ! *(Un temps. On voit la peur sur le visage des gardes.)* Il faut dire que nos services secrets ont bénéficié d'un soutien déterminant de la CIA américaine pour le capturer. Ainsi, la longue fuite de Mandela et de ses compagnons d'exil a pris fin... Ces membres du Congrès national africain ont été condamnés à vie pour haute trahison. Nous avons appris que, lors de leur procès, le gouvernement sud-africain avait requis la peine capitale ! Rien de moins. Oui, c'est chez nous que le Mouron Noir doit arriver d'une minute à l'autre. Nelson Mandela et quatorze de ses compagnons seront enfermés dans notre prison pour le restant de leur vie. *(On entend les bruits de prisonniers qui marchent.)* Gardes ! Tenez-vous prêts ! Soyez sans pitié. Soyez très prudents, car ils sont tous très dangereux. *(Il s'adresse aux prisonniers.)* Est-ce que vous avez des questions avant que je vous lise vos droits et devoirs ? *(Pas de réponse.)* Je répète : Est-ce que vous avez quelque chose à dire, avez-vous...

NELSON MANDELA, *l'interrompt* — « Messieurs les tenants du pouvoir, je ne dirai pas Mesdames, car vous n'avez pas de respect pour elles ! Messieurs, les gardes des sceaux ! Je ne dirai pas Mesdames, car vous les considérez comme vos domestiques. À tout le peuple sud-africain et au monde entier qui aspire à une liberté totale et à une justice pour tous, je déclare devant vous en ce jour que — ...

JAMES GREGORY, *lui coupant la parole* — Ferme-la ! Déshabillez-vous avant de m'adresser la parole ! Regardez-moi, ter-ro-ristes ! Allez ! Allez ! *(Un temps)* Je serai très prudent avec vous. Vous êtes les plus grands meurtriers du pays, surtout toi, *(s'adressant à Mandela)* le prisonnier 46664 ! Tu es très dangereux ! Tu es un ancien boxeur. Je t'approcherai avec prudence, car tu peux réagir incroyablement vite. Ahhhh ! Je te connais bien, hmmm !

*Pendant que les prisonniers se déshabillent, on entend la musique de « Homeless ».**

JAMES GREGORY — Vous, les terroristes communistes ! Je m'adresse à vous ! Je suis le sergent-chef James Gregory. Vous devez m'appeler Chef. Alors maintenant, je vous apprends vos droits et devoirs… Nous sommes à Robben Island dans la région de Cape Town. Si vous cherchez à vous évader, à sauter les murs ou à vous enfuir, vous rencontrerez de l'autre côté du mur des *requins* qui sont prêts à vous dévorer pour le petit-déjeuner. Cela nous facilitera notre travail car, si vous disparaissez, alors nous retournerons tranquillement chez nous, auprès de nos familles bien aimées.

WALTER SISULU — Oui, Chef ! Mais, quand vous dites ça comme ça, on dirait que vous êtes autant prisonnier que nous !

JAMES GREGORY — Toi, ferme-la ! Vous n'avez pas droit à la parole ici. *(Un temps.)* Pour votre information, et retenez bien ceci : toutes vos correspondances seront vérifiées avant qu'on ne vous les donne. Vous n'avez pas le droit de parler de politique, ni entre vous, ni avec qui que ce soit. C'est clair ?

---

* « Homeless », du groupe sud-africain Ladysmith Black Mambazo, un groupe vocal fondé en 1960 par Joseph Shabala qui fut un farouche opposant de la politique d'apartheid à travers ses chants.

LES PRISONNIERS, *ne répondent pas* — …

JAMES GREGORY, *crie* — C'est clair ?

LES PRISONNIERS — Oui, Chef. C'est clair.

JAMES GREGORY — Tant mieux. Allez, rentrez dans vos cellules !

SCÈNE 4

Mi-juin 1964, Soweto.

Winnie Mandela, la foule, la police

WINNIE MANDELA, *en discours de protestation* — Amandla !

LA FOULE — Le Pouvoir !

WINNIE MANDELA — Ngawethu !

LA FOULE — Au peuple !

WINNIE MANDELA — Je m'appelle Winnie Mandela et je suis l'épouse de Nelson. Vous avez tous assisté à sa condamnation illégale, ainsi qu'à celle des autres membres du Congrès national africain, nos amis et collègues !

Femmes d'Afrique du Sud : levez-vous ! Enfants de mon pays : levez-vous ! Je n'interpelle pas les hommes, car il ne nous en reste plus ! Le gouvernement illégal de l'Afrique du Sud, ce gouvernement qui nous impose l'apartheid dans notre chère patrie a, une fois de plus, durci le ton par sa violence contre le peuple de notre pays. Les amoureux de l'apartheid viennent de nous priver de nos hommes, de nos maris, des pères de nos enfants. Ils les envoient en prison, à vie ! Nous, les femmes avec nos enfants, nous allons leur montrer la valeur de nos maris, l'importance de nos *leaders*, les droits des pères de nos enfants. Nous allons exiger qu'ils libèrent de prison nos douces moitiés ! Nous allons abolir leur système brutal qui broie notre humanité. Désormais, ils nous respecteront. Ils cesseront de nous traiter de domestiques ! Dorénavant, ils sauront ce que c'est la valeur d'une femme car, s'ils touchent même à un seul cheveu d'une femme, ils auront renié Dieu, le Tout-Puissant. Ces racistes le comprendront tôt ou tard !

On entend la sirène d'une voiture de police.

Noir. Des cris. Winnie Mandela est arrêtée par la police.

LA FOULE ET WINNIE CHANTENT TOUS ENSEMBLE —

N'kosi sikelel' iAfrika
Maluphakanyisw'uphondo lwayo,
Yizwa imithandazo yethu,
Nkosi sikelela, thina lusapho lwayo.

Scène 5

Octobre 1965, prison de Robben Island.

Nelson Mandela, James Gregory, Walter Sisulu, autres détenus

JAMES GREGORY, *livrant le courrier aux prisonniers* — Walter Sisulu, tu es servi ! Nelson, tu as reçu une lettre de ton épouse. J'espère qu'elle parle du beau séjour de 491 jours que nous lui avons réservé à la Prison centrale de Pretoria.

NELSON MANDELA, *prend son courrier et soupire* — Chef, vous saviez qu'en m'annonçant cette nouvelle, vous me feriez très mal. Winnie Mandela, c'est ma femme. C'est la mère de mes enfants que vous torturez, parce qu'elle est mariée à un combattant de la liberté…

JAMES GREGORY, *l'interrompt* — Non, prisonnier 46664 ! Tu n'es pas un combattant de la liberté ! Toi et tes amis, vous êtes tous des terroristes. Vous avez placé des bombes dans des édifices gouvernementaux ! Vous avez tué des hommes et des femmes. C'est pour cette raison que vous êtes emprisonnés ici. À vie ! Je dis bien à vie ! Et nous allons vous détruire un par un. Tous vos proches et tous vos supporters seront traqués et emprisonnés comme ta femme Winnie Mandela. Est-ce bien clair ?

NELSON MANDELA — Oui, Chef, c'est bien clair… Mais ce que je tenais à vous dire, c'est qu'« un homme qui prive un autre homme de sa liberté est prisonnier lui-même de la haine, des préjugés et de l'étroitesse d'esprit ».*

JAMES GREGORY — Tu crois ? Eh bien, nous sommes très fiers de notre politique d'apartheid ! *(Un temps. Il réfléchit.)* D'ailleurs, ça suffit ! Lis tes courriers et ferme-la ! *(Il se fâche subitement.)* Non, j'ai changé d'idée : sortez pour casser des pierres ! *(Il crie.)* Je dis : sortez !

Les prisonniers sortent.

JAMES GREGORY, *aux prisonniers* — Allez, venez par ici !

WALTER SISULU, *à Nelson qui se met à casser des pierres* — Madiba ! Qu'est-ce que tu as fait au Chef pour le mettre dans cet état ? Tu lui as donné un coup de poing ?

NELSON MANDELA, *riant sous cape* — Non, Walter ! Je lui ai simplement parlé.

WALTER SISULU — Je ressens ta douleur, ce n'est pas quand même normal ce qu'ils font subir à Winnie et…

NELSON MANDELA — Walter, ne t'inquiète pas. Winnie est une femme très forte. Ils ne pourront rien lui faire avouer sous la torture…

WALTER SISULU — Je sais. Elle est très forte. Je pense que tu as fait un très bon choix de te marier avec elle, même si Evelyne, ta première femme,

---

* Citation tirée de l'autobiographie de Nelson Mandela.

était ma cousine. Je crois bien que Winnie a été un bon choix, car elle est engagée politiquement parlant, contrairement à Evelyne, qui s'intéresse moins à la politique et plus à la religion.

JAMES GREGORY, *de son bureau* — Travaillez ! Pas de bavardage !

NELSON MANDELA — Oh ! Evelyne n'est pas simplement religieuse, elle est Témoin de Jéhovah ! Mais elle est aussi la mère de mes enfants…

JAMES GREGORY — J'ai dit : arrêtez de bavarder ! Travaillez.

WALTER SISULU ET NELSON MANDELA — Oui, Chef, nous travaillons.

JAMES GREGORY — Et puis, arrêtez de parler de politique, sinon vous serez punis.

NELSON MANDELA — Chef, nous ne parlons pas de politique. *(Il baisse le ton.)* Il me semble bien que nous sommes déjà en punition avec tous ces travaux forcés de casse de pierre.

JAMES GREGORY, *lève le ton* — Quoi ? Je ne t'ai pas bien entendu.

WALTER SISULU — Il n'a rien dit, Chef. C'est avec moi qu'il parle…

JAMES GREGORY — Je vous dis d'arrêter de vous parler. Je ne veux entendre que le bruit de pierres cassées, rien que cela, c'est compris ?

NELSON MANDELA — Oui, Chef.

Le calme s'installe, les prisonniers continuent à casser les pierres et soudain, Walter Sisulu recommence à parler.

WALTER SISULU — Ah, oui ! Nelson, tu te rappelles notre première rencontre dans les années 1940. J'étais là en train de jouer aux dames avec Nat Bregman et tu es sorti de nulle part pour te présenter à nous. Ah ! Je n'oublierai jamais ce jour ! *(Les deux détenus arrêtent de casser des pierres pour bavarder.)* Mais Nelson, j'ai une idée : toi, tu joues le rôle de Nat et moi, je serai moi-même.

NELSON MANDELA — Mais je n'étais pas encore arrivé ! Comment je peux savoir ce que Nat et toi, vous faisiez ! Je crois bien que la prison commence à te faire un mauvais effet.

WALTER SISULU, *riant* — Mais non ! Ah, peut être... D'accord ! Je te raconte alors ce qui s'est passé ce jour-là, avant ton arrivée.

JAMES GREGORY, *furieux, se présente soudainement devant eux* — Je vous ai dit de ne pas parler ! *(Il attrape Nelson Mandela avec violence.)* Toi ! Viens ici, par là, et toi, ramasse tes outils et rentre dans ta cellule. Nelson, tu me diras de quoi vous parliez !

NELSON MANDELA, *fixant James Gregory d'un regard perçant* — ...

JAMES GREGORY — Hmmm, je sais à quoi tu penses ! Approche ! Les mains derrière le dos et ne résiste pas, sinon cela te coûtera cher ! *(Il menotte Nelson Mandela et lui donne un coup de poing au bas du ventre.)* Parle ! Espèce de terroriste !

NELSON MANDELA, *le souffle coupé* — Chef, on ne parlait pas de la politique…

JAMES GREGORY, *continue à frapper Nelson* — Parle ! Dis-moi de quoi tu parlais avec Sisulu ! C'est toi, le chef de ces communistes, tu seras responsable de tous les actes de tes compatriotes !

WALTER SISULU, *crie depuis sa cellule hors-scène* — Madiba ! Dis-lui pour qu'il te laisse tranquille !

JAMES GREGORY, *frappant toujours Nelson* — Mandela, parle ! Sinon, nous t'isolerons jusqu'à ce que tu parles…

WALTER SISULU, *hors scène* — Chef ! Laissez Madiba en paix. Moi, je vais dire de quoi nous parlions.

JAMES GREGORY — Ok, Sisulu… Mais avant, laisse-moi isoler ce terroriste pour sa désobéissance. *(En trainant Nelson hors-scène.)* Tu seras isolé dans cette cellule pour quarante-cinq jours !

WALTER SISULU, *hors scène* — Chef ! S'il vous plait, laissez Madiba tranquille ! Il n'y est pour rien ! Écoutez-moi ! Je vais vous dire tout, parce que c'est moi qui parlais, pas lui…

JAMES GREGORY, *revient sur scène seul* — Ok, Sisulu, dis-moi de quoi vous parliez…

WALTER SISULU, *hors scène* — Oui, Chef ! Je rappelais à Madiba notre première rencontre…

La lumière baisse légèrement sur James Gregory qui, du fond de la scène, regardera calmement la scène suivante.

SCÈNE 6

1941, Johannesburg, chez Walter Sisulu, dans un salon bien éclairé où Walter Sisulu et Nat Bregman jouent aux dames.

Nat Bregman, Walter Sisulu, Evelyne Mase, Nelson Mandela (jeune)

NAT BREGMAN — Walter, avance au lieu de traîner ! Tu penses trop ! On dirait un membre du Congrès national africain. *(Il rit.)*

WALTER SISULU — Et toi qui joues n'importe comment ! On dirait un communiste ! Ton chef Mao devrait t'enseigner un peu de patience.

NAT BREGMAN — Hé, Walter, arrête ! Je suis communiste, je le reconnais, et parler mal de Mao Zedong, ce n'est pas respectueux de ta part.

WALTER SISULU — Nat, je n'ai rien dit de mal ! Je t'ai donné la réplique. C'est toi qui as commencé, n'est-ce pas ? Ce que tu penses du Congrès national africain n'est pas exact. Nous, au Congrès national africain, on réfléchit beaucoup avant de mener nos actions politiques. Cela ne veut pas nécessairement dire que nous sommes lents ! *(Se tournant vers la cuisine.)* Evelyn, s'il te plait, peux-tu voir si notre thé est prêt ?

Evelyne apporte du thé aux deux hommes.

NAT BREGMAN — Merci, Evelyn. Écoute, Walter Sisulu ! Cela fait déjà un moment que notre parti, le *Communist Party*, vous sollicite pour que nous coordonnions nos activités politiques pour barrer la route au *National Party* de l'Afrique du Sud, lors des prochaines élections présidentielles. Et vous restez sourds à notre demande ! Peux-tu m'expliquer pourquoi ?

WALTER SISULU — La réponse est simple. Nous et le *Communist Party*, nous ne partageons pas les mêmes valeurs politiques. Au Congrès national africain, nous ne sommes pas contre les politiques occidentales. Nous voulons plutôt une égalité entre nos peuples.

NAT BREGMAN — Tu ne penses pas que, si vous restez dans cette logique de non-négociation avec nos *leaders*, il sera trop tard après les élections générales ? Car une victoire du *National Party* sur le *United Party* de l'Afrique du Sud va précipiter notre pays dans une politique basée sur la séparation des races ! Comment ils appellent ça, déjà ? L'apartheid ? Ça va être très dur pour la population noire d'Afrique du Sud. Tu sais très bien que les Afrikaners nationalistes supportent la politique d'Adolph Hitler en Allemagne !

On frappe à la porte.

WALTER SISULU — Tu vois Nat, sans doute c'est la police qui est déjà ici. Réponds !

NAT BREGMAN — Non ! C'est toi qui dois répondre, puisque nous sommes chez toi.

WALTER SISULU — D'accord ! Mais, si c'est la police, nous leur dirons ensemble que nous ne parlions que du jeu de damier. Et rien d'autre ! Compris ? Evelyn, tu entends ? *(Il se dirige vers la porte.)* Entrez !

NELSON MANDELA — Bonjour ! Messieurs, je m'appelle Nelson !

NAT BREGMAN — Bonjour, Monsieur Nelson. Mais tu nous as fait peur !

NELSON MANDELA — Pourquoi, Monsieur ?

WALTER SISULU — Rien, rien ! Prenez place. *(Un temps.)* Je vous apporte à boire ?

NELSON MANDELA — Non, Monsieur, merci. Je cherche un certain Walter Sisulu.

WALTER SISULU, *regarde Nat avec un peu d'inquiétude* — Euh... un certain Sisulu, Walter Sisulu ?

NAT BREGMAN — Et pourquoi vous cherchez ce Sisulu ? ... C'est quoi encore son nom de famille ?

NELSON MANDELA — Sisulu ! En fait, je viens d'arriver en ville, il y a à peine quelques mois. Je cherche un travail de bureau. Comme je veux continuer mes études dans le domaine du droit pour devenir avocat un jour, mes amis m'ont conseillé de venir voir Walter Sisulu. Il paraît qu'il connaît les avocats qui embauchent de jeunes ambitieux.

WALTER SISULU — Ah ! Et bien, oui ! Monsieur, c'est moi, Walter Sisulu. Je suis courtier en immobilier, donc je connais beaucoup de bonnes personnes à travers mon métier. Mais vous pouvez m'appeler Sisulu.

NAT BREGMAN — Pourquoi lui, il peut t'appeler Sisulu, alors que moi je t'ai toujours appelé Walter ?

WALTER SISULU, *regarde Nat en riant* — Parce que lui, je sais que c'est un futur membre du Congrès national africain !

NAT BREGMAN — Pourquoi pas un futur membre du *Communist Party*? Comment tu le sais ?

WALTER SISULU — Evelyn ! Viens ici… Je vous présente ma cousine, Evelyn Mase. Elle est infirmière. Elle vous accompagnera dès demain chez mon ami, monsieur Lazar Sidelsky. C'est un Blanc, mais… Il est très gentil ! Il aide beaucoup de jeunes Africains noirs qui veulent devenir avocats. Là-bas, vous allez trouver monsieur Gaur Radebe que monsieur Sidelsky a embauché sous ma recommandation.

NELSON MANDELA, *regarde Evelyn avec intérêt* — Merci, monsieur Sisulu.

NAT BREGMAN, *partage son sandwich avec Nelson* — Monsieur, vous pouvez partager ce sandwich avec moi, pour goûter à l'idéologie communiste qui est basée sur le partage de tout. Puisque votre recrutement annonce une guerre difficile entre mon ami Walter Sisulu, du Congrès national africain, et que j'appellerai désormais MONSIEUR Sisulu et moi du *Communist Party*…

NELSON MANDELA, *ne comprend rien à la situation, mais prend quand même le sandwich* — Merci, monsieur…?

NAT BREGMAN — Monsieur Nat Bregman. Mais vous pouvez m'appeler Nat.

WALTER SISULU — Écoutez, jeune homme, vous pouvez prendre ma place et continuer ce jeu de dames avec votre nouvel ami Nat, le communiste. Moi, je dois sortir pour des rendez-vous d'affaires. Je ne vais pas tarder. Une fois que j'ai terminé avec mes affaires, je reviens vous rejoindre ici même. D'accord ?

NELSON MANDELA — D'accord, monsieur Sisulu.

Walter Sisulu quitte, laissant ainsi Nelson et Nat seuls. Nelson s'assoit devant le jeu et étudie sa stratégie. Un temps.

NAT BREGMAN — Jeune homme, avance dans le jeu ! Tu commences à réfléchir trop ! On dirait un futur membre du Congrès national africain !

NELSON MANDELA — Oui, monsieur Nat. Bien sûr. Je pense bien que je pourrais devenir un futur membre du Congrès national africain…

SCÈNE 7

1965, retour à la prison de Robben Island.

Walter Sisulu, depuis sa cellule maintenant sur scène, parle au garde James Gregory.

WALTER SISULU — Chef, voilà de quoi nous parlions.

JAMES GREGORY — Intéressant. Hmmm, formidable ! Il me semble que toi et tes amis terroristes, vous avez oublié les premières instructions que je vous avais données ! Alors tu prendras toi aussi deux semaines d'isolement parce que tu continues à parler de politique.

WALTER SISULU — Mais non, Chef ! On parlait aussi de la famille ! S'il vous plait, laissez-moi continuer ! Vous allez comprendre que nous parlions de la famille, surtout d'Evelyn, qui est ma cousine et qui est devenue la première femme de Madiba.

JAMES GREGORY — Ah bon ?

WALTER SISULU — Mais oui. Mais leur mariage n'a pas été un grand succès.

JAMES GREGORY — Cela ne m'étonne pas ! Qui aimerait être marié à un terroriste ? À part cette folle de Winnie Mandela !

WALTER SISULU — Chef ! Madiba n'est pas un terroriste !

JAMES GREGORY, *s'énerve* — Quoi ! Qu'est-ce que tu dis ?

WALTER SISULU — Rien, Chef.

JAMES GREGORY — Tant mieux ! Parce que quelqu'un qui a abusé de ta cousine, et qui a posé des bombes, cette personne n'est rien d'autre qu'un Terroriste, comme un grand T! Et toi, qui es son complice, tu ne veux pas l'admettre !

WALTER SISULU — Non, Chef ! Ce n'est pas ce que vous croyez ! Madiba a eu des enfants avec Evelyn. Il n'a pas abusé d'elle, il l'aimait vraiment et…

JAMES GREGORY — Des enfants avec elle ? Combien ?

WALTER SISULU — Quatre enfants, Chef. Mais une de leurs filles est morte à l'âge de neuf mois… *(Un temps.)* Madiba a vraiment été présent dans la vie d'Evelyn. Je reconnais que le zèle religieux de ma cousine a probablement contribué à l'échec de leur mariage, mais il faut aussi reconnaître que l'infidélité de Nelson a joué un grand rôle dans leur divorce… Madiba lui-même reconnaît sa part de responsabilité dans cette affaire…

JAMES GREGORY — Tu as dit zèle religieux ? Comment ça ? Pourtant, la religion devrait être une valeur ajoutée, un plus dans un mariage. Seuls les terroristes font de la religion un inconvénient.

WALTER SISULU — C'est possible, Chef. Mais ce qui est sûr, c'est que ma cousine est Témoin de Jéhovah.

Elle est vraiment très religieuse, surtout aux yeux de Madiba.

JAMES GREGORY — Walter Sisulu, je ne te punirai pas cette fois. Mais Mandela, lui, il subira ses 45 jours d'isolement ! Et toi, quand tu m'adresses la parole, ne prononce plus le nom que tu as donné à ton chef terroriste. Je sais bien la signification de ce mot en Xhosa, car je parle cette langue. J'ai grandi avec les enfants de ta tribu. C'est l'une des raisons pour lesquelles j'ai été affecté ici à Robben Island : pour accueillir les plus grands ennemis de notre beau système d'apartheid ! C'est-à-dire toi puis tes amis. Alors, ton chef Mandela n'est pas un Roi, car Madiba signifie 'le roi' en langue Xhosa ! Je le sais. Compris ?

WALTER SISULU — Oui, Chef. Mais est-ce que vous pourriez relaxer la sentence de Madiba un peu…

JAMES GREGORY, *furieux* — Walter Sisulu ! Je te dis : ferme-la ! Madiba, Madiba ! Je ne veux plus entendre ce nom.

James Gregory tourne le dos à la cellule de Walter Sisulu et rentre dans son bureau.

Scène 8

Decembre 1969, visite de Winnie Mandela à Nelson Mandela en prison.

Winnie Mandela, James Gregory et Walter Sisulu

James Gregory est assis à son bureau. Il est très concentré sur un magazine de pornographie. Il a le dos tourné à la porte de son bureau.

WINNIE MANDELA, *hésitante, debout au seuil de la porte du bureau* — Bonjour ? Monsieur ?

JAMES GREGORY, *ne veut pas être dérangé et ne se retourne pas* — Chut, chut !

Il fait un signe du revers de la main pour renvoyer la personne qu'il croit être une adjointe administrative…

WINNIE MANDELA, *lève un peu le ton de sa voix, moins hésitante* — Bonjour, Monsieur.

JAMES GREGORY, *se retourne, ferme vite sa revue et se lève* — Qu'est-ce que tu veux ? *(Il la reconnaît tout à coup.)* Oh ! Oui, madame Mandela… et bienvenue à Robben Island.

WINNIE MANDELA, *lui donne un papier* — Voici ma lettre d'autorisation pour cette visite. Je suis ici pour rendre visite à mon mari, Madiba.

JAMES GREGORY, *réagit au mot Madiba* — Hmmm, hmmm. Nous n'avons pas de prisonnier ici de ce nom. D'ailleurs, ta lettre d'autorisation ne mentionne pas ce nom. *(Il remet la lettre à Winnie Mandela.)* Tu devras donc aller demander une nouvelle lettre et revenir.

WINNIE MANDELA — Non, Monsieur. Je veux dire Nelson Mandela, mon mari.

JAMES GREGORY, *irrité* — Laisse-moi voir le programme d'aujourd'hui. *(Il cherche sur son bureau, trouve enfin le programme et le regarde.)* Mandela ne peut pas recevoir de visite aujourd'hui.

WINNIE MANDELA — Pourquoi, Monsieur ? Il est encore isolé ? Parce que la dernière fois que je suis venue, il y a six mois, vous m'avez empêchée de le voir sous prétexte qu'il était en isolement. Vous savez que je n'ai droit qu'à deux visites dans l'année !

JAMES GREGORY — « Sous prétexte » ? Non, ce n'est pas un prétexte ! Ton mari est un terroriste ! Il défie mes ordres et les ordres de tous mes collègues ici.

WINNIE MANDELA — S'il vous plait, Monsieur, je veux vraiment le voir, car nous sommes au mois de décembre et la fête de Noël approche. Les enfants ont besoin de ses nouvelles. Et lui doit savoir ce qui leur arrive aussi !

JAMES GREGORY — Je te comprends, mais Mandela ne peut pas te recevoir aujourd'hui. Il est parti à la casse de pierres à quelques kilomètres d'ici et nous ne pouvons pas le faire revenir du travail pour une simple visite.

WINNIE MANDELA, *insiste* — Monsieur, je vous supplie, j'ai d'importantes nouvelles à propos de la famille pour lui.

JAMES GREGORY — Écoute, Madame, ce que je peux faire pour toi, c'est de te laisser voir Walter Sisulu. C'est lui qui est en isolement cette fois-ci. Il a l'air très faible, car il a entamé une grève de la faim depuis quelque temps. Nous lui avons demandé d'arrêter, mais il refuse. Nous l'avons donc enfermé dans la cellule d'isolement pour mieux le persuader. Je peux le faire sortir pour toi. Tu lui passeras les nouvelles que tu as pour ton mari de terroriste étant donné que Mandela n'est pas sur place.

WINNIE MANDELA — Oui Monsieur, je rencontrerai Walter Sisulu. Faites-le sortir.

JAMES GREGORY — Mais il faut que lui, il accepte de te rencontrer parce qu'ici, à Robben Island, les droits des prisonniers sont respectés. Il faut savoir cela, Madame ! Alors, je vais lui demander s'il te reçoit… *(Il se dirige vers la cellule qui se trouve hors-scène.)* Walter Sisulu ! Walter Sisulu, tu as de la visite.

JAMES GREGORY — Sisulu ! Madame Mandela est là pour te voir.

WALTER SISULU, *d'une voix faible* — Oui, Chef. J'accepte de la recevoir.

JAMES GREGORY, *revient vers Winnie Mandela toujours debout devant sa porte de bureau* — Oui, il a accepté de te voir. Mais avant, il va falloir que je t'informe des règles de la visite : Primo, tu ne parleras pas de politique avec le prisonnier ; Deuxiémo, aucune mention de vos amis terroristes en exil, comme un certain Oliver Tambo, de vos supporters, artistes, musiciens comme Miriam Makeba ne sera autorisée… Hummm, nous vous connaissons tous et toutes ! Humm ! Troisiémo, tous tes effets personnels resteront dans le bureau jusqu'à la fin de la rencontre. C'est compris ?

WINNIE MANDELA — Oui, Monsieur.

JAMES GREGORY, *en prenant les effets personnels de Winnie Mandela, s'aperçoit qu'elle a une enveloppe cachée dans sa main. Il prend l'enveloppe* — Mais c'est quoi ça ?

WINNIE MANDELA — C'est un certificat de décès.

JAMES GREGORY, *il regarde le certificat sans réagir et ne lui remet pas le document* — Règle numéro 4 – tu ne parleras pas du décès de qui que ce soit au prisonnier. Allez. Viens !

SCÈNE 9

Sisulu et Winnie Mandela

WINNIE MANDELA — Walter Sisulu, comment ça va ? Cela fait déjà cinq ans que vous êtes enfermés ici. Tu as l'air très affaibli…

WALTER SISULU — Ça va, chez moi, Winnie. Ce sont les conséquences de la prison, sinon rien d'autre… Et toi, comment ça va ?

WINNIE MANDELA — Ça va bien. Et Madiba, il va bien ? Garde Gregory m'a informée qu'il est parti à la casse de pierres.

WALTER SISULU — Je crois qu'il va bien. Mais je ne l'ai pas vu depuis deux semaines, puisqu'on m'a isolé depuis ce temps.

WINNIE MANDELA — Ta cousine Evelyn te salue. J'ai été chez elle voir les enfants à ma sortie de la prison. Elle ne voulait pas me recevoir, mais grâce à des amis qui ont agi en intermédiaires, ma visite avec les enfants a été arrangée.

WALTER SISULU — Winnie, tu connais bien Evelyn. Elle est toujours fâchée contre Madiba et un peu contre moi aussi, car elle ne veut rien savoir du Congrès national africain et de ses membres. Elle accuse notre organisation d'être à l'origine de son divorce. Tu fais bien d'aller voir les enfants de temps en temps. Leur père Madiba doit vraiment leur manquer.

JAMES GREGORY, *depuis son bureau* — Pas de politique !

WINNIE MANDELA — Oui, Monsieur, nous parlons de la famille !

WALTER SISULU — Et toi-même ? Tes deux filles, comment elles vont ?

WINNIE MANDELA — Elles vont bien. Ce n'est pas quand même facile de courir entre les trois enfants d'Evelyn et les miens, de préparer les meetings pour organiser les jeunes pour notre cause. *(Un temps.)* Il faut que vous soyez libres un jour, Walter !

WALTER SISULU — Je sais. Tout cela doit être difficile pour toi. Et Justice, le frère de Madiba ? As-tu de ses nouvelles ?

WINNIE MANDELA — …

WALTER SISULU — Winnie Mandela ! Comment va Justice ?

WINNIE MANDELA, *émotive* — Je l'évite beaucoup. Il est très affecté par l'emprisonnement à vie de son frère. Tu sais qu'ils étaient très proches et…

La lumière commence à baisser sur Walter Sisulu et Winnie Mandela.

WALTER SISULU — Oui, je sais, je me rappelle quand Madiba me racontait comment Justice son grand frère le défendait contre tout, depuis leur village de Qunu jusqu'à leur arrivée à Johannesburg…

Scène 10

Fin 1938, Qunu, chez le Régent (père de Mandela).

Nelson Mandela (jeune), Justice et le Régent

NELSON MANDELA, *entre dans la maison* — Ça fait tellement longtemps qu'on a quitté cette ville. Quatre ans ! Eh ! Qunu ? Rien n'a changé ici. *(Il fait le tour de la pièce.)* Mais c'est tranquille. Ce qui est étrange, c'est que toutes les jolies filles sont mariées. Où est ma sœur ? *(Il appelle.)* Nomafu ! Nomafu ! Ah ! *(Il se rappelle subitement.)* Elle aussi est mariée ! J'espère qu'elle est heureuse dans son nouveau foyer. *(Il appelle.)* Justice ! Justice ? Je ne vois pas ses traces, pourtant il devait me devancer. Attends ! Je vais m'entrainer à la boxe avant qu'il n'arrive. Il ne pourra plus me battre.

Nelson Mandela va dans sa chambre, sort ses gants de boxe et se met à boxer dans le vide. On frappe à la porte.

JUSTICE, *à la porte* — Il y a quelqu'un ? Ouvrez la porte !

NELSON MANDELA, *posant ses gants et s'avançant vers la porte* — C'est qui ?

JUSTICE — C'est moi, Justice ! Nelson, ouvre-moi la porte, s'il te plait.

NELSON MANDELA, *avec un cri de joie* — Hé, Justice ! Bonne arrivée ! Comment ça va ? *(Il lui prend son sac.)*

JUSTICE, *s'essuie* — Mais Nelson, tu transpires là !

NELSON MANDELA — Oh ! Oui, je faisais de la boxe.

JUSTICE — Ah, la boxe ! J'ai justement lu un article sur toi dans le journal des étudiants, il n'y a pas longtemps… À propos de ton dernier combat du championnat scolaire. *(Il fait un drôle de geste de boxeur.)* Il paraît que tu boxes bien ! Vraiment bien ! Mais, dis-moi, Nelson, qu'est-ce que la boxe t'apporte ?

NELSON MANDELA — Grand frère Justice, la boxe est un très bon sport qui t'apprend à résister, à tenir bon devant toutes sortes de situations. Tu ne peux savoir combien de coups il faut encaisser ou donner sur un ring pour gagner ou perdre un combat. Ça te forge un caractère ! *(Il rit et boxe avec Justice.)* Puis ça te donne des muscles ! Ça, c'est fantastique !

JUSTICE, *se défendant mal* — Ouais, ouais, c'est bien ça ! *(Un temps.)* Et les filles ? Elles vont bien ?

NELSON MANDELA — De quelles filles tu parles ?

JUSTICE — Les filles de ton lycée.

NELSON MANDELA — Oh, elles vont bien.

JUSTICE — J'espère que tu n'as pas raconté l'histoire de notre circoncision à mon ex- … À Eva ?

NELSON MANDELA — Non, non, Justice ! Il y a trop longtemps de cela, ça doit faire quoi – 5 ans ? – qu'on est devenus des hommes ! On avait 16 ans, maintenant on a 21 ans… Mais Justice, tu viens de me rappeler cet épisode… Dis la vérité. Ça t'a fait mal et tu marchais comme ça ? *(Il se moque de Justice.)*

JUSTICE, *en se moquant de son frère et en riant* — Et toi, tu avais même peur de rentrer dans la case ! En plus, tu marchais comme…

NELSON MANDELA, *rires suivis d'un moment de calme* — Ça va ! Écoute, Justice. Je siège maintenant au sein du comité exécutif de l'Association des élèves de mon lycée.

JUSTICE — De ton lycée ?

NELSON MANDELA — Oui, de mon lycée !

JUSTICE — Donc, il y a beaucoup de Noirs là-bas, maintenant ?

NELSON MANDELA — Non, pas beaucoup, juste une poignée.

JUSTICE — Et les élèves blancs t'ont accordé leur appui ?

NELSON MANDELA — Pas vraiment. C'est la direction de l'école qui m'a encouragé à me présenter aux élections.

JUSTICE — Wow ! Donc, tu fais de la politique maintenant ?

NELSON MANDELA, *veut changer de sujet* — Oui et non. Ben non. Pas vraiment…

LE RÉGENT, *voix off* — Justice ! Justice ! Viens me voir, j'ai quelque chose à t'annoncer ! Toi, Nelson, je te parlerai juste après avoir discuté un peu avec ton grand frère, Justice.

SCÈNE 11

Début 1939, Qunu.

Proposition d'une femme en mariage à Nelson et à Justice par leur père, le Régent.

Nelson Mandela (jeune), Justice et le Régent

NELSON MANDELA, *trépignant de curiosité* — Justice, as-tu vu papa ? Il t'a dit quoi ? Dis-le-moi, s'il te plait !

JUSTICE, *découragé* — Oui, Nelson, il m'a parlé de quelque chose de très bizarre… Je ne suis pas certain d'avoir compris. Il disait que, comme nous avions atteint l'âge de la circoncision, selon nos coutumes, il avait fait son devoir. Il nous a fait hommes. Je ne sais pas pourquoi il me parle de cela maintenant.

NELSON MANDELA — Moi, je sais ! À moi, il a dit : « Maintenant que vous êtes un peu plus sages, j'ai trouvé pour chacun d'entre vous une femme digne, venant d'une excellente famille. J'ai tout prévu. Et maintenant, tout est prêt. Lorsque je reviendrai de mon voyage, nous allons célébrer vos mariages, d'accord ? »

JUSTICE — Oh, mon Dieu ! Nelson, je pense qu'on doit s'en aller loin d'ici.

NELSON MANDELA — Quoi ?

JUSTICE — Je ne suis pas prêt à me marier ! Je pense qu'on doit fuir. Allons à Johannesburg. On va travailler dans les mines.

NELSON MANDELA — À Johannesburg ? Pourquoi si loin ?

JUSTICE — Écoute, Nelson, j'ai beaucoup de choses à te raconter sur Johannesburg.

NELSON MANDELA — Ah bon ! Tu as été là-bas ?

JUSTICE — Non, mais j'ai des amis de mon école qui sont allés travailler là-bas, dans les mines. Ils se sont fait beaucoup, beaucoup d'argent ! *(Justice frotte ses doigts ensemble pour illustrer.)*

NELSON MANDELA — Wow ! C'est bon, ça !

JUSTICE — Oui ! On pourrait nous aussi se faire du fric. Et si on ne veut pas être mariés de force, on devrait s'enfuir.

NELSON MANDELA, *hésitant* — Mais Justice... Et notre père ? Nos études ?

JUSTICE — Un jour, il comprendra... Et il y a des écoles là-bas. Allons à Johannesburg. On va étudier et gagner beaucoup d'argent !

NELSON MANDELA — D'accord ! Mais comment faire pour y aller... je n'ai pas fait d'économies. Et toi ?

JUSTICE — Non... *(Il réfléchit.)* Attends ! Tu te rappelles ? Quand nous étions plus jeunes, je te donnais souvent des petits jetons à l'école, n'est-ce pas ?

NELSON MANDELA — Oui.

JUSTICE — Sais-tu comment je gagnais cet argent ?

NELSON MANDELA — Non. Comment ?

JUSTICE — Ahh ! *(Un temps.)* Je piquais les poulets du vieux pour aller les vendre.

NELSON MANDELA — Mais non, Justice ! Ce n'est pas vrai ! *(Un temps. Les deux se regardent et éclatent de rire.)*

JUSTICE — Attends ! Attends ! Dès que le vieux part en voyage, on lui pique un bœuf de son troupeau. On le vendra, puis avec l'argent gagné, on se tire d'ici.

NELSON MANDELA, *choqué* — Oh !... Tu penses...

JUSTICE, *essayant de convaincre Nelson* — Oh, ne t'inquiète pas ! Je te montrerai comment voler un bœuf sans qu'il t'agresse.

NELSON MANDELA, *hésitant* — Hmmm... Mais, grand frère, je ne sais pas si je peux être d'accord avec cette idée...

JUSTICE — A-t-on le choix ? Tu es prêt à te marier, toi ?

NELSON MANDELA — Non !

JUSTICE — Alors... Réfléchis et prends vite ta décision ! On n'a pas de temps à perdre...

Scène 12

1939, Johannesburg.

Le soir, après une longue journée de corvée dans les mines.

Nelson Mandela (jeune) et Justice

NELSON MANDELA — Cette vie de travail dans les mines commence à me fatiguer.

JUSTICE — Mais qu'est-ce que tu veux, Nelson ? Pour gagner de l'argent, il faut souffrir !

NELSON MANDELA — Je sais. Mais je ne pense pas que Papa serait content s'il apprenait que nous avons fui le village pour venir vivre dans des conditions pareilles en ville. Regarde où nous habitons. Ici, à Sophia Township, dans une banlieue pareille ! Toutes les maisons sont faites de bois pourri. C'est dangereux ici, à Soweto. Justice, imagine un incendie et... nous serions tous morts en moins de quinze minutes !

JUSTICE — Qu'est-ce que toi, tu peux faire pour améliorer notre état, Nelson ? Réveille-toi ! On est à Johannesburg, c'est une grande ville où personne ne veut de nous ! Tu te rends compte ? Les Noirs ne peuvent habiter nulle part ailleurs qu'à Soweto. Il n'y a aucun autre endroit où tu trouveras une maison à louer ! *(Un temps.)* Tu sais que le fantôme d'une deuxième guerre mondiale plane sur la tête de tout le monde. Et tu vois bien que le pays est divisé comme tous les autres pays du monde. Les gens ont peur, surtout les Blancs, les propriétaires de maisons.

NELSON MANDELA — T'as peut-être raison. Mais il me semble que les choses devraient être différentes…

JUSTICE — Tu penses ? Moi, je pense qu'avec tous les problèmes qu'il y a à travers le monde, personne ne s'occupera de nous. En Allemagne, ils ont Hitler. En Italie, ils ont Mussolini ! Et ici, on a Herzog et son *United Party* qui nous imposent leurs lois ségrégationnistes !

NELSON MANDELA — Nous, les enfants du roi, le Régent des Thembu, nous méritons mieux que ça dans notre propre pays !

JUSTICE — Ah oui, Nelson ! Bienvenu à la vraie vie ! Écoute, mon frère. Notre Papa, le Roi, vit au village et nous sommes ici… Il faut qu'on se débrouille sans lui.

NELSON MANDELA, *sentant venir le sommeil* — Pourquoi on ne descend pas en ville pour chercher un travail de bureaucrate ? Nous avons quand même fini nos études secondaires ! Au lieu de rester ici à travailler comme des brutes, comme si nous n'avions jamais été à l'école !

JUSTICE — C'est une très bonne idée, Nelson, mais nous allons crever de faim. Les bureaux appartiennent aux Blancs et ils n'embauchent pas les Noirs aussi facilement. Même pas pour faire des travaux de nettoyage !

NELSON MANDELA, *s'endort* — …

JUSTICE, *le couvre* — Ah, Nelson ! *(Il s'adresse au public.)* Ce petit est vraiment naïf. Il a beaucoup à apprendre sur la réalité de notre pays et du monde. Le Congrès national africain a été créé il y a bien longtemps, bien avant notre naissance. Il a même été reçu par l'Internationale ouvrière, le 6 juin 1912, en tant que parti politique. Malgré tout cela, il n'y a eu aucune amélioration dans les conditions de vie des Noirs en Afrique ou ailleurs dans le monde ! Partout en Afrique, les pays sont colonisés et sous la domination des Blancs. En Amérique, les Noirs subissent les répressions les plus brutales. *(Un temps.)* Comment se fait-il que Nelson ne puisse pas comprendre cette réalité ? Peut-être qu'il croit toujours être au village à côté de son père, le Roi ? *(Il regarde Nelson.)* Il faudrait qu'il se réveille un jour, ce Nelson, pour comprendre qu'il est maintenant arrivé en ville, dans la vraie vie des hommes !

SCÈNE 13

Retour à 1969, prison de Robben Island.

Lumière sur Walter Sisulu et Winnie Mandela

WINNIE MANDELA — Je comprends. Nelson et Justice étaient vraiment proches l'un de l'autre. *(Elle chuchote.)* Walter Sisulu ! Walter Sisulu ? Approche… *(Elle lui glisse une deuxième enveloppe qu'elle avait cachée.)* Remet ça à Madiba et…

JAMES GREGORY, *l'interrompt* — Ta visite est terminée ! Allez, allez, ça suffit comme ça ! *(Il la tire pour la faire partir et ils sortent.)*

WALTER SISULU, *ouvre l'enveloppe et fond en larmes* — Oh, non ! Comment cela se peut-il ? Mon Dieu !

SCÈNE 14

Septembre 1974, prison de Robben Island.

James Gregory parlant à ses collègues gardes

JAMES GREGORY — Gardes ! Garde à vous ! Nous avons des informations pertinentes venant de nos services secrets de Pretoria. Il y a des prisonniers parmi nous qui songent à la révolte à cause des dignes traitements que nous infligeons à nos terroristes. En fait, nous avons eu accès aux transcriptions de nos services secrets pour que vous écoutiez leurs voix et leurs actions qui s'élèvent contre notre beau système d'apartheid. Ces terroristes ont un financier qui répond du nom de Nat Bregman. C'est un de nous, je veux dire un Noir dans la peau d'un Blanc. C'est un grand avocat, alors nous n'avons pas le droit de le toucher. De toute façon, sa place n'est pas ici. Un Blanc ! Un avocat de surcroît ! Il mérite mieux que la prison *(rires).* Cependant, le cousin de Nat, celui qui répond du nom de Denis Goldberg, lui, c'est le quinzième terroriste. Il est aussi le formateur militaire de nos prisonniers. Ce dernier a été pris en flagrant délit. Il a été envoyé à la prison de Pretoria, une prison moins isolée, avec des traitements moins sévères que chez nous, pour vingt-deux ans d'emprisonnement, pas pour un emprisonnement à perpétuité comme nos locataires d'ici. Ah non ! Pour un Blanc, une peine de vingt-deux ans, c'est quand même trop, mais tant pis, il l'a cherchée. Leurs rencontres et les planifications de leurs attaques de nos installations, tout ça, ça se passait chez Walter Sisulu. Et voilà : je vous lis le résumé de leurs conversations, pour que vous sachiez la nature de leurs actes guerriers contre la république !

La lumière baisse sur James Gregory.

Scène 15

1961, une banlieue de Johannesburg, dans une maison inachevée.

Nat Bregman, Walter Sisulu et Nelson Mandela (Nelson jeune)

NAT — Bonjour, mon frère.

WALTER SISULU — Bonjour, Nat ! Mais tu es en retard, mon frère.

NAT — Je sais. … Regarde un peu par la fenêtre. Tu vois ?

WALTER SISULU — Voir quoi ? Je ne vois rien !

NAT — Regarde plutôt vers ta gauche. Il ne faut pas sortir ta vilaine tête de tortue là ! Tu ne vois pas la police, par là ?

WALTER SISULU — Ah ! Je les vois. Il y a même des policiers noirs parmi eux. Mais qu'est-ce qui se passe ?

NAT — Ah ! Maintenant, tu comprends pourquoi je suis en retard ? Ils me suivaient, ces policiers. Je les ai dribblés comme pas possible ! Mais il a fallu que je brouille toutes les pistes pour qu'ils ne découvrent pas ma destination finale. Je pense qu'ils savent qu'on a une réunion ici, ce soir. On doit changer d'endroit, tu ne crois pas ?

WALTER SISULU — Nelson n'est pas encore arrivé. On doit l'attendre avant de changer de lieu.

NAT — Mais il est où, Nelson ?

WALTER SISULU — Nat, je pense qu'il a de sérieux problèmes. Je viens de recevoir un message des parents d'Evelyn m'indiquant qu'elle a quitté Nelson et qu'elle est rentrée à la maison paternelle avec les enfants. Puis elle demande le divorce.

NAT — Oh ! Ce ne sont pas de bonnes nouvelles, ça. Hmmm. Sisulu, je m'excuse, je sais qu'Evelyn est ta cousine, mais j'avais des pressentiments qu'elle était un peu trop religieuse pour Nelson.

WALTER SISULU — Je comprends, Nat. Ne t'en fais pas. Nelson et moi, nous en avons déjà parlé. Tu sais, leurs mésententes durent depuis quelque temps déjà...

NAT — Comment ça ?

WALTER SISULU — La dernière fois que j'étais avec Nelson, on bavardait dans la voiture, et soudain, on voit une jeune fille debout à un arrêt d'autobus. Nelson me dit ceci : « Monsieur Sisulu, est-ce que ça te dérangerait d'arrêter la voiture pour que je puisse parler à cette fille ? » Je pense avoir lu dans ses yeux qu'il était attiré par la jeune fille-là.

NAT — Et comment s'appelle cette jeune fille ?

WALTER SISULU — Nat, arrête ! Je n'en dirai pas plus. Après tout, c'est sa vie privée !

NAT, *rires* — Non ! Je dois savoir ! Elle sera peut-être la future partenaire de notre frère Nelson. Alors, il faut faire des investigations pour en savoir un peu plus sur elle.

WALTER SISULU — Ah ! Bon, d'accord ! Tout ce que je sais, c'est qu'elle est travailleuse sociale dans un hôpital du coin.

NAT — Oh ! Comme Evelyn ?

WALTER SISULU — Non ! Evelyn est infirmière.

NAT — Infirmière, travailleuse sociale, c'est la même chose. Et son nom ?

NELSON MANDELA, *sonne à la porte* — Sisulu ! Ouvre-moi la porte ! *(Il entre.)* Bonjour, Nat ! Bonjour, Sisulu !

WALTER SISULU — Hé, Nelson ! Comment es-tu entré sans qu'on t'ouvre la porte ?

NELSON MANDELA — La porte n'était pas fermée, Monsieur Sisulu.

WALTER SISULU, *se tourne vers Nat* — Mais Nat, tu es malade ! Tu as failli nous faire tuer ! Et si la police t'avait suivi ? Il faut toujours verrouiller la porte ! *(Un temps.)*

NAT — Nelson, prépare-toi. C'est toi qui fais le discours et nous sommes déjà en retard. *(Un temps.)* Oh, et puis je suis désolé pour le départ d'Evelyn.

NELSON MANDELA — Nat, le départ d'Evelyn m'a vraiment touché, mais c'est surtout parce qu'elle est partie avec les enfants.

NAT — On te comprend, Nelson.

NELSON MANDELA — Nat, pour être franc avec toi, je crois bien que la vraie raison du départ d'Evelyn est surtout due à mon infidélité. Elle m'a aussi beaucoup reproché mes nombreuses absences de la maison… Surtout quand je passais du temps dans les boîtes de nuit avec les filles. C'est vrai, je l'ai souvent abandonnée, la laissant toute seule à la maison avec les enfants.

NAT — Non, Nelson, ne te blâme pas trop, mon ami. Des fois, le mariage ne marche pas. Nous pourrons nous en parler après la réunion, si tu veux…

NELSON MANDELA — Merci, Nat. *(Un temps.)* Euh… Pour que tu le saches, ma nouvelle copine s'appelle Nomzamo Winifred Zanyiwe Madikizela.

NAT — Wow ! Ce n'est pas trop comme nom pour une seule personne ?

NELSON MANDELA — Non. Ben oui ! … En fait, moi, je l'appelle « Winnie ». Et elle sera bientôt Winnie Mandela, puisque nous allons nous marier.

WALTER SISULU, *le tape sur le dos* — Félicitations ! *(Un temps.)* Ah ! Oui ! Nelson, je pense que ton idée de créer une armée pour équilibrer le rapport de forces avec le gouvernement qui croit en cet apartheid est excellente. Nat veut bien nous aider à trouver un camp d'entrainement.

NELSON MANDELA — Ah ! Ça, c'est une bonne nouvelle !

WALTER SISULU — Oui, après le meeting de ce soir, Nat va te donner l'adresse d'une ferme où tu rencontreras le jeune Denis Goldberg. C'est son cousin.

Il te donnera des instructions pour créer un camp. Il peut aussi nous aider avec la formation des commandos militaires.

NELSON MANDELA — D'accord. Puisque nous sommes déjà en retard, allons-y pour le discours. Nos partisans nous attendent.

WALTER SISULU — Ah, Nelson, avant que je n'oublie. Ton nouveau nom de *leader*, c'est Madiba. Compris ? Madiba, le Roi !

NELSON MANDELA — Merci. D'accord !

SCÈNE 16

1961, à Soweto.

Musique pour la rencontre : « Malaika » de Miriam Makeba.

Nelson Mandella et Walter Sisulu devant une foule de partisans

NELSON MANDELA — Amandla ! Le Pouvoir ! Ngawethu ! Au peuple ! Oui ! Le peuple de l'Afrique du Sud a beaucoup souffert de la brutalité des Blancs et de leur gouvernement. Oui, le peuple de l'Afrique du Sud est meurtri par cette répression que ce pouvoir ségrégationniste exerce sur lui. Nous, qui sommes majoritaires en ce pays, nous venons d'assister à l'assassinat de 69 de nos concitoyens, des personnes innocentes et sans défense. Simplement parce qu'ils manifestaient contre ces *Pass*. Oui, ces sortes de laissez-passer qui contrôlent tous nos déplacements ! Les racistes ségrégationnistes veulent les instaurer partout dans notre pays. Ces adeptes de l'apartheid veulent nous imposer la ségrégation. Ils vont découper le pays et nous parquer dans des ghettos qu'ils appellent des bantoustans. Nous disons *non* à cela ! Nous disons que l'Afrique du Sud est une et indivisible. Et que ce pays nous appartient à nous tous ! Blancs, Noirs, Jaunes, Rouges et que sais-je encore ! À leur violence, nous répondrons par la violence ! Nous rendrons coup pour coup ! Cela permettra d'équilibrer les forces. Alors aujourd'hui, en ce jour historique du mois de juin 1961, je vous annonce la création de notre première armée appelée *Umkhonto we Sizwe*. Vous expliquerez à l'ennemi que ça veut dire « Fer de lance de la Nation » ! Notre objectif est de nous attaquer aux installations du gouvernement. Nous n'avons rien à reprocher aux populations innocentes. Nous n'allons pas les attaquer, elles. Aussi, je demande à tous les jeunes, les filles comme les garçons, de se mettre debout ! Venez vous joindre à notre nouvelle armée !

Sirène de police.

WALTER SISULU — Madiba ! Attention, c'est la police ! Tirons-nous d'ici.

Fin de l'acte 1.

ACTE 2

Scène 1

1984, dans la prison de Pollsmoor dans la banlieue du Cap, où Mandela a été transféré avec d'autres membres du Congrès national africain pour un début de négociation avec le gouvernement.

Les prisonniers cassant les pierres.

Walter Sisulu, Madiba

WALTER SISULU — Madiba, avançons vite aujourd'hui, car je veux aller me reposer aussitôt qu'on finit.

NELSON MANDELA — Walter, te rappelles-tu notre premier jour à Robben Island ? Quand Chef James Gregory nous criait dessus, tu lui avais dit ceci : « Chef, on dirait que vous êtes autant prisonnier que nous. »

WALTER SISULU — Oui, je me rappelle très bien de cela. Et puis ?

NELSON MANDELA — Le garde Christo Brand m'a informé que la famille de Chef Gregory reçoit des menaces de mort ! Il doit aussi composer avec des tentatives d'assassinat ! Et tout cela apparemment, parce que le Chef Gregory ne nous a pas encore assassinés ici ! Les gens veulent notre mort !

WALTER SISULU — Mais non ! Ce n'est pas vrai, Nelson je sais que le garde Christo Brand est très gentil avec nous. Il nous traite mieux que le Chef Gregory nous traite, mais je ne crois pas à tout ce qu'il dit.

NELSON MANDELA — Crois-moi, Walter ! Le Chef Gregory, il souffre autant que nous, simplement il ne peut pas nous le montrer…

WALTER SISULU — Wow ! Et moi qui me plaignais de tout ce qu'il nous fait subir ici. Je ne savais pas que les gens à l'extérieur de la prison voulaient qu'il nous assassine !

NELSON MANDELA — Oui… *(Un temps. Il réfléchit.)* Mais justement… où est Chef Gregory ? Il est en congé ?

WALTER SISULU — Son absence ne nous regarde pas ! Travaillons, Madiba !

NELSON MANDELA — Bien sûr, Walter… Mais son absence devrait nous inquiéter !

WALTER SISULU — Pourquoi son absence devrait-elle nous inquiéter, Madiba ?

NELSON MANDELA — Nous devrions être inquiets parce que, dès cet instant, il me semble qu'il faut le considérer comme l'un d'entre nous. Tu sais que notre survie en dépend, Walter. Alors, le Chef Gregory doit être notre ami.

WALTER SISULU, *rires* — Le Chef Gregory, notre ami ? *(Rires.)* Quelqu'un qui nous accuse tout le temps de parler politique ! *(Rires.)*

NELSON MANDELA — Oui, c'est vrai, il doit être notre ami. Il faut que nous donnions un autre sens à notre combat, Walter.

WALTER SISULU — Non, Madiba, dis-moi que tu blagues ! De quoi tu parles ? Je crois bien que tu commences à délirer maintenant.

NELSON MANDELA — Je ne délire pas. Je veux que nous envisagions un combat plus pacifique dès maintenant, pour notre survie et la survie de notre mouvement.

WALTER SISULU — Wow ! Wow ! Madiba, s'il te plait, ne me dis pas que tu as été corrompu par ces Afrikaners racistes ? S'il te plait, ne sacrifie pas notre mouvement, le Congrès national africain… Notre peuple, le peuple de l'Afrique du Sud croit en nous. Non, Madiba ! Non…

NELSON MANDELA — Arrête, Walter ! Dis-moi où est Chef Gregory. Ou si tu as des informations concernant son absence.

WALTER SISULU — D'accord, j'ai entendu le garde Christo Brand parler à ses collègues. Il paraît que Chef Gregory a fait une demande de transfert de poste auprès de ses supérieurs il y a quelque temps. Il venait d'être appelé pour une évaluation. Je prie le Bon Dieu qu'on accepte sa demande et qu'on l'envoie aussi loin que possible de nous. Ce Chef Gregory ne me plaît pas du tout. Il nous a trop torturés, Madiba.

NELSON MANDELA — Sisulu, je te comprends, mais le transfert du Chef Gregory ne changera rien ni à notre condition de vie ici, ni à la façon que nous sommes traités. L'ordre vient d'en haut, je veux dire de Pretoria. Alors nous avons intérêt à établir un lien d'amitié avec les gardes, à commencer par Chef Gregory. Si nous demeurons hostiles, notre assassinat tant voulu par ceux de l'extérieur sera facile.

WALTER SISULU — Comme tu le dis. Nous te faisons confiance Madiba. *(Très au sérieux.)* Mais sache que les causes de notre combat ne sont pas à vendre pour quoi que soit.

NELSON MANDELA — Merci, Sisulu, de m'avoir une fois de plus fait confiance. *(Les deux se donnent un câlin.)* Une lutte aussi longue que la nôtre n'a jamais abouti sans qu'il y ait parfois des crises de confiance entre compagnons. *(Mandela fixe Walter dans les yeux.)* Merci encore, mon mentor.

La lumière baisse sur Nelson Mandela et Walter Sisulu.

Scène 2

1988, dans la prison de Victor Verster, le dernier lieu de détention de Mandela.

Le décès de Brent Gregory, fils du Chef James Gregory.

Nelson Mandela et Walter Sisulu jouent aux dames.

NELSON MANDELA — Sisulu avance dans le jeu ! Tu réfléchis trop, comme si nous sommes dans un tournoi de la coupe du monde de dames !

WALTER SISULU, *un peu triste* — Madiba, laisse-moi m'organiser et puis je…

NELSON MANDELA — Mais Sisulu, tu es un peu lent dans le jeu ce matin. Est-ce que tout va bien chez toi ?

WALTER SISULU — Oui ! Oui, tout va bien chez moi, Madiba.

Il fait un faux pas dans le jeu qui donne un avantage à Nelson.

NELSON MANDELA, *étonné, le regarde et arrête le jeu* — Sisulu, dit moi, qu'est-ce qui ne va pas ? As-tu une mauvaise nouvelle nous concernant ?

WALTER SISULU — Non, Madiba, il n'y a rien qui nous concerne. Je pense que c'est même une…

NELSON MANDELA — C'est même quoi ? Dis-le-moi s'il te plaît.

WALTER SISULU, *hésitant* — C'est… C'est le garde

Christo Brand qui m'a informé ce matin que Chef Gregory a perdu son fils dans un accident de voiture. Le Chef est parti aux funérailles. *(Un temps.)* C'est triste, n'est-ce pas ? Perdre son enfant et ne même pas avoir la chance d'être à ses côtés pour les derniers rites…

NELSON MANDELA, *très triste* — Oui, c'est vraiment terrible. Au nom de notre groupe, nous allons lui transmettre nos plus sincères condoléances.

La lumière baisse sur Nelson Mandela et Walter Sisulu.

SCÈNE 3

Retour à 1969, prison de Robben Island, dans le bureau de James Gregory.

Nelson Mandela et James Gregory

JAMES GREGORY — Mandela, alors que tu étais à la casse des pierres aujourd'hui, à l'extérieur de la prison, ta femme Winnie Mandela est passée. Tu l'as manquée. Je lui ai quand même permis d'aller rencontrer Sisulu qui était sur place, dans sa cellule d'isolement.

NELSON MANDELA — D'accord, mais… Pourquoi vous ne m'avez pas fait venir pour la voir ? Ça fait quand même une année complète que je ne l'ai pas vue ! En plus, c'est le temps des fêtes ! Sans doute qu'elle avait des nouvelles à propos des enfants pour moi…

JAMES GREGORY, *froidement* — Effectivement, elle avait des nouvelles des enfants pour toi. Mais n'oublie pas que tu es un prisonnier terroriste et que je n'ai aucune obligation de te faire quitter les lieux du travail pour une simple visite de ta complice de femme.

NELSON MANDELA — Alors, quelles sont les bonnes nouvelles qu'elle m'a apportées ?

JAMES GREGORY, *lui tend le certificat de décès* — Elle avait ça pour toi…

NELSON MANDELA, *ouvre le papier et fond en larmes* — Mon Dieu ! Chef, c'est mon premier fils Thembekile qui est mort d'un accident de voiture…

JAMES GREGORY — Et puis ?

NELSON MANDELA — J'ai besoin d'une permission pour aller aux funérailles. C'est un devoir de tous les pères dans ma tradition.

JAMES GREGORY — Nelson, tu es un prisonnier terroriste. Alors il n'y aura pas de permission pour toi. Allez ! Rentre dans ta cellule et va pleurer la mort de ton fils.

Scène 4

1988, retour dans sa prison de Victor Verster.

Walter Sisulu et Nelson Mandela jouent aux dames.

WALTER SISULU — Madiba, je suis désolé de te voir revivre la perte de notre fils Thembi ! Toutes mes condoléances encore une fois…

NELSON MANDELA — Merci, Walter. Tu m'as toujours soutenu durant les épreuves difficiles. *(Un temps.)* Aussi, je te demande une fois de plus de m'appuyer. Il faut que nous nous mettions ensemble pour présenter nos condoléances au Chef Gregory et être à ses côtés pour la perte de son fils. Car il traverse des moments difficiles maintenant. Tu sais, Walter, « les gens apprennent à haïr, et s'ils peuvent apprendre à haïr, on peut aussi leur apprendre à aimer, car l'amour nait plus naturellement dans le cœur de l'homme que son contraire ».*

WALTER SISULU, *très étonné, répond d'une voie douce* — D'accord… Madiba, tu as raison, mais il va falloir que tu commences à penser à écrire ton autobiographie parce que tu avances en âge. Et cette nouvelle approche pacifique que tu envisages pour notre lutte mérite d'être documentée.

NELSON MANDELA — J'y penserai, Walter ! En attendant, j'aurai besoin de l'assistance et la

---

* Citation tirée de l'autobiographie de Nelson Mandela.

contribution de vous tous, de chaque membre du Congrès national africain incarcéré ici dans cette prison de Robben Island. Mais pour le moment, apporte nos condoléances les plus sincères au garde Christo Brand pour le Chef Gregory.

WALTER SISULU — Oui, Madiba, je le ferai.

SCÈNE 5

1988, dans la prison de Victor Verster.

La naissance d'une amitié.

Walter Sisulu, Nelson Mandela et James Gregory

JAMES GREGORY, *faisant des va-et-vient devant les cellules* — Bonjour, Walter !

WALTER SISULU — Bonjour, Chef.

JAMES GREGORY — Nelson, comment ça va ?

NELSON MANDELA — Oh, ça va, Chef.

JAMES GREGORY, *se penchant par-dessus l'épaule de Mandela* — Mais qu'est-ce que tu écris, Nelson ?

NELSON MANDELA — Je suis en train d'écrire un livre sur ma vie. Le titre sera *Un long chemin vers la liberté.*

JAMES GREGORY — C'est intéressant ! Tant mieux… Le programme d'aujourd'hui est le suivant : un peu de jardinage suivi par la casse des pierres et…

WALTER SISULU, *l'interrompt* — Chef, nous voulons vous parler.

JAMES GREGORY — Ah bon ! Tu veux me parler de quoi, Walter ?

WALTER SISULU, *à Madiba* — Madiba, vas-y, il faut lui dire.

JAMES GREGORY — Me dire quoi ? Vous préparez une révolte ou quoi ?

NELSON MANDELA — Non, Chef, si vous permettez, nous voulions vous dire que nous partageons votre peine suite à la perte de votre fils. Nous sommes de tout cœur avec vous en ces moments difficiles.

JAMES GREGORY — Merci, c'est gentil. Le garde Christo Brand m'avait déjà fait la commission. Je vous remercie beaucoup. *(Un temps.)* Écoutez, nous allons apporter des changements au programme d'aujourd'hui.

WALTER SISULU — Ah bon ?

JAMES GREGORY, *ouvrant les cellules* — Vous allez sortir de vos cellules et vous promener dans la cour. Aujourd'hui, vous n'aurez pas à travailler. Prenez un peu d'air frais…

NELSON MANDELA — Pouvons-nous emprunter votre magnétophone ? On aimerait partager ce moment de tristesse avec vous en jouant de la musique, pour vous tenir compagnie… Vous en avez bien besoin. C'est une tradition dans notre culture. Vous savez, on dit que « la politique peut être renforcée par la musique, mais la musique a une puissance qui défie la politique ».*

JAMES GREGORY — Ah bon ? D'accord.

Les prisonniers dansent avec James Gregory et les gardes se joignent à eux sur la musique de Johnny Clegg, « Cruel Beautiful World ».

JAMES GREGORY — Madiba, oh, non ! Je veux dire — Nelson, tu danses bien ! Qui t'a appris à danser si bien ?

NELSON MANDELA, *quittant la scène en dansant* — C'est mon grand frère Justice ! Il ne supportait pas quand je n'arrivais pas à trouver des filles pour danser avec moi pendant les fêtes à mon école. Parce que je ne dansais pas bien du tout !

JAMES GREGORY — Alors, ton grand frère Justice vit à Johannesburg ?

NELSON MANDELA — Il est rentré au village à Qunu il y a bien longtemps.

---

* Citation tirée de l'autobiographie de Nelson Mandela.

SCÈNE 6

1957, chez Justice à Soweto.

Justice rentre au village.

Nelson Mandela (39 ans) et Justice

JUSTICE, *seul, en attendant l'arrivée de Nelson Mandela* — Nelson ! Où es-tu ? Mon Dieu ! Je vais rater mon train !

NELSON MANDELA — Hé ! Hé, Justice, je suis là ! C'est à quelle heure, le départ ?

JUSTICE — C'est pour bientôt, petit frère. Mais, en attendant, il faut que je te parle de certains sujets un peu délicats.

NELSON MANDELA — Comme quoi, par exemple ?

JUSTICE — Je ne sais pas vraiment par où commencer... Écoute, je vais commencer par Evelyn, ta chérie.

NELSON MANDELA — Oui... ?

JUSTICE — Je la trouve très gentille, une femme bien respectueuse, même si elle est un peu trop religieuse... Eh bien, je crois bien qu'elle a besoin d'un peu plus de ta présence à la maison.

NELSON MANDELA — Justice, je te comprends bien. Mais n'oublie pas que monsieur Lazar Sidelsky a beaucoup investi en nous, Oliver Tambo et moi, pour l'acquisition de notre premier cabinet d'avocat. Et il nous fait confiance. Il faut qu'on fasse des heures supplémentaires pour se tailler une part du marché.

JUSTICE — Je sais, mais il ne faut jamais perdre de vue ton rôle de chef de famille et tes obligations à la maison.

NELSON MANDELA — D'accord. Tu as raison…

JUSTICE — Le deuxième sujet que je voulais aborder avec toi est ce voyage. *(Nelson le questionne du regard.)* Je pense que mon retour au village, c'est peut-être pour toujours.

NELSON MANDELA — Pourquoi ? Pourquoi pour toujours ? Pourtant, tu m'avais dit au téléphone que tu partais uniquement pour voir Papa. Tu m'as dit que tu allais revenir, non ?

JUSTICE — Je sais, c'est ce que je t'avais dit. Mais tu as vu notre papa quand il était venu nous voir la dernière fois ici ? C'est toi-même qui avais bien remarqué qu'il avait l'air un peu fatigué.

NELSON MANDELA — Oui, d'accord. Et puis ?

JUSTICE — Eh bien, on m'a appelé pour me dire qu'il était gravement malade et qu'il demandait que toi, tu rentres pour t'occuper de la famille. Mais compte tenu de tes responsabilités politiques ici à Johannesburg, j'ai décidé de rentrer à ta place, pour occuper la fonction de futur Régent, fonction qui te revenait de fait.

NELSON MANDELA — Mais, grand frère, tu ne dois pas sacrifier ainsi ta vie comme ça, pour moi !

JUSTICE — Non, petit frère, je dois le faire, c'est mon devoir et mon rôle de te protéger…

NELSON MANDELA — … Merci… Merci beaucoup, grand frère, d'avoir fait ce trop grand sacrifice pour moi. *(Un temps.)* Justice, c'est très triste d'entendre que Papa est malade. Et qu'on doit se séparer. *(Découragé.)* Écoute, je me réjouis qu'on ait pu régler nos différends avec lui lors de sa dernière visite ici. Et il nous a même donné ses bénédictions.

JUSTICE — Oui, moi aussi, je suis content qu'il nous ait accordé sa grâce quand on lui a demandé pardon pour avoir volé un bœuf pour pouvoir nous enfuir du village. Tout cela, parce qu'il avait voulu offrir à chacun de nous une épouse, comme le veut la tradition…

Les deux se regardent et éclatent de rire.

NELSON MANDELA — Du courage, mon frère. Je suis de tout cœur avec toi.

JUSTICE — Merci, Nelson. Bonne chance dans ton boulot avec le nouveau cabinet Mandela et Tambo !

NELSON MANDELA — Merci…

JUSTICE — Il ne faut pas oublier mes conseils pour Evelyn. Aide-la avec les enfants. Seule, c'est trop stressant et trop dur pour elle. D'ailleurs, vous pouvez faire venir Maman du village pour vous aider. D'accord ?

NELSON MANDELA — D'accord, grand frère.

JUSTICE — Ramasse les bagages. Je ne veux pas manquer le train.

NELSON MANDELA, *en ramassant les bagages* — Hé, Justice ! S'il-te-plait, un dernier cadeau !

JUSTICE — Mais quoi ?

NELSON MANDELA — Tu te rappelles quand on était jeune au village ? On dansait !...

Ils se mettent à danser sur une musique sud-africaine de Johnny Clegg.

SCÈNE 7

1988, la prison Victor Verster, le dernier lieu de détention de Mandela.

Nelson Mandela et James Gregory

JAMES GREGORY — Je comprends, Madiba. Excuse-moi, je veux dire Nelson ! Est-ce que je peux t'appeler comme tes amis t'appellent ? Madiba ?

NELSON MANDELA — Oh ! Chef, si cela vous convient, je n'ai pas de problème avec ça !

Les deux rient et se remettent à danser.

SCÈNE 8

1988, la prison Victor Verster.

Visite de Winnie Mandela à Nelson en prison.

Madiba, Winnie Mandela et James Gregory

JAMES GREGORY — Bonjour, Madiba.

MADIBA — Bonjour, Chef.

JAMES GREGORY — Écoute, Madiba. Tu peux m'appeler James ou… Gregory.

MADIBA — Je sais… Tu m'as déjà donné cette autorisation. Mais, c'est souvent difficile de changer ses habitudes, surtout après tant d'année passées ici en prison. Mais je te promets que je ferai un effort pour t'appeler comme tu le désires, Mr Gregory…

JAMES GREGORY — Tu n'auras pas le choix, Madiba, car le monde extérieur t'attend avec beaucoup d'espoir. Tu sais, les choses risquent d'évoluer plus rapidement que tu ne le penses. J'ai de bonnes nouvelles venant de Pretoria au sujet de ta libération.

MADIBA — Comment ça ?

JAMES GREGORY — Le pays est au bord d'une guerre civile…

MADIBA, *soucieux* — Mais non !

JAMES GREGORY — Les sanctions économiques initiées par le Canada puis suivies par toute la communauté internationale, ainsi que l'embargo sur les exportations de nos matières premières sont en train de peser très lourd sur l'économie du pays. Nous devenons de plus en plus pauvres et bientôt le gouvernement n'aura pas le choix que de céder aux demandes pour votre libération. Toute la communauté internationale réclame ta libération, Nelson !

NELSON MANDELA, *heureux, mais sans vouloir trop s'exciter* — Oui. Oui.

JAMES GREGORY — Écoute… *(Il lui fait une tape dans le dos.)* Euh, nous en parlerons plus tard. Pour le moment, je suis venu t'informer que ta femme est ici.

MADIBA — Merci, Chef Gregory. Tu peux la faire entrer.

JAMES GREGORY — Winnie, Madiba est prêt à te recevoir.

WINNIE MANDELA — Merci, Chef. *(Un temps.)* Bonjour, Madiba.

MADIBA — Bonjour, chérie.

WINNIE MANDELA — Et ta santé ? Ça va mieux ?

MADIBA — Ça va mieux. Ils m'ont bien traité à l'hôpital. Je me suis aussi bien reposé là-bas.

WINNIE MANDELA — Je comprends… *(Un peu fâchée.)* Tu t'es bien reposé là-bas, parce que tu commences à tout aimer de ces Blancs qui ne sont pas prêts à respecter notre peuple…

MADIBA — Winnie ! Ce n'est pas une question d'amour, c'est que notre peuple n'a pas le choix. Je veux dire que le peuple d'Afrique du Sud, toutes races confondues, n'a pas le choix. Il faut trouver des compromis avec nos ennemis d'hier.

WINNIE MANDELA — Je te conseille de ne pas négocier avec ce gouvernement de l'apartheid. Ils ont causé tellement de souffrance à notre peuple. Ils ont torturé nos concitoyens et tué nos partisans et partisanes. Nos hommes, nos femmes et même nos enfants ont souffert de leurs politiques raciales. Madiba, il faut vivre à l'extérieur de la prison pour le savoir. Je pense que tu vas décevoir tout le monde en négociant avec ces gens…

MADIBA — Je sais, Winnie. Walter et Denis Goldberg sont sortis de prison, il y a six mois de cela. Ils sont dehors, là-bas, avec vous, et ils m'informent de ce qui se passe. Mais moi, je crois qu'il y a urgence à négocier avec Pretoria pour sauver notre pays. Winnie, «[i]l y a des moments où un *leader* doit s'avancer au-devant du troupeau, partir dans une nouvelle direction, avec la confiance qu'il mène son peuple sur le bon chemin ».*

WINNIE MANDELA — En tout cas, je pense que tu prends un énorme risque à négocier en secret avec

* Citation tirée de l'autobiographie de Nelson Mandela.

le gouvernement. Le peuple n'est pas prêt à aller vers la paix, Madiba !

MADIBA — Et toi, es-tu prête à aller vers la paix, Winnie ?

WINNIE MANDELA — Franchement, je ne sais pas, Madiba.

NELSON MANDELA — Pourtant, tu n'auras d'autre choix que d'aller vers la paix, si nous voulons donner un sens à notre long combat, pour la mémoire de tous nos membres qui sont tombés : le jeune Steve Biko, le chef Luthuli et tant d'autres. Rappelons-nous que «[d]es gens courageux ne craignent pas le pardon au nom de la Paix »*. Alors, je te demande de te débarrasser de cette milice que tu entretiens. ... Tu vois, moi aussi, je suis informé de tout.

WINNIE MANDELA — Madiba ! Tu ne peux pas m'imposer quoi que ce soit ! Si tu arrives à négocier avec les bourreaux, pourquoi ne pas te donner le temps de comprendre les victimes aussi ? Ça fait plus de 24 ans que tu es enfermé ici, coupé du monde ! D'ailleurs, je pense que cette conversation n'a plus de sens. Nous en reparlerons, quand tu seras sorti de prison.

Un calme total règne sur la fin de cette scène.

---

* Citation tirée de l'autobiographie de Nelson Mandela.

SCÈNE 9

1985, à Soweto.

Zindzi Mandela s'adresse à la foule de partisans du Congrès national africain. Elle lit le communiqué de son père.

Zindzi Mandela et la foule

ZINDZI — Amandla !

LA FOULE — Le Pouvoir !

ZINDZI — Ngawethu !

LA FOULE — Au peuple !

ZINDZI — Je vous remercie tous pour votre détermination, pour votre combat et pour votre courage qui doivent aboutir à la libération de notre père Madiba et à la libération de tout le peuple sud-africain ! Comme vous l'avez constaté, j'ai eu le privilège de rendre visite à mon père – je veux dire *notre* père – Madiba à la prison en cette année de 1985. Ce gros cadeau, je le dois à ma mère, encore je veux dire *notre* mère Winnie, car elle a droit à deux visites seulement par an. Et elle m'a laissé une de ses visites pour que je puisse rencontrer notre papa Madiba, que je n'avais pas revu depuis mon jeune âge. Alors, Madiba me charge de vous apporter ce communiqué.

« Mon peuple, le peuple de l'Afrique du Sud, restez fort, restez debout, puisque le chemin de la liberté n'est pas loin. Nos ennemis d'hier nous demandent la négociation comme prix de notre libération. Nous leur répondons ainsi : Quelle liberté m'est offerte, si l'organisation demeure interdite ? Seuls les hommes libres peuvent négocier. À tous ceux et celles qui subissent des atrocités à travers le monde, restez forts car : "[ê]tre libre, ce n'est pas seulement se débarrasser de ses chaînes ; mais c'est aussi vivre d'une façon qui respecte et renforce la liberté des autres."* À vous les jeunes, je déclare dans ce communiqué que : "[l']éducation est votre arme la plus puissante pour changer le monde."* Je salue la mémoire de tous ces jeunes et de tous ces *leaders* qui sont tombés au cours de notre combat. Nous saluons la mémoire du chef Albert Luthuli, de Robert Sobukwe et de Steve Biko ! *Amandla !* »

Scène 10

Septembre 1989 à Pretoria.

La rencontre entre un tyran de l'apartheid et un homme de Dieu.

Desmond Tutu, Frederik Willem de Klerk, Marike de Klerk

DE KLERK — Bonjour ! Soyez le bienvenu, votre Excellence, Monseigneur l'Archevêque.

---

* Citation tirée de l'autobiographie de Nelson Mandela.

DESMOND TUTU — Bonjour, Monsieur le Président.

DE KLERK — J'espère que les travaux de l'Église ne vous épuisent pas trop. Vous voyagez beaucoup à l'extérieur du pays ces derniers temps.

DESMOND TUTU — Oh, les travaux de l'Église ! … Pas du tout, je ne suis pas fatigué du tout, Monsieur le Président. C'est surtout en ces temps difficiles que notre pays a besoin de messages d'espoir venant de notre Seigneur.

DE KLERK — Vous avez raison, Monseigneur. Dans tous les cas, vous faites un très bon travail pour le peuple sud-africain. S'il vous plait, prenez place, Monseigneur.

DESMOND TUTU — Merci bien. Et que Dieu vous bénisse !

DE KLERK, *appelant le serviteur* — Joseph ! Apportez à boire à son Excellence, Monseigneur l'Archevêque Tutu.

DESMOND TUTU — Merci, Monsieur le Président.

DE KLERK — Quelles sont les nouvelles que vous nous apportez ?

DESMOND TUTU — Ah ! Les nouvelles ! J'en ai de bonnes…

DE KLERK — Bien !

DESMOND TUTU — Mais aussi de moins bonnes pour vous, Monsieur le Président.

DE KLERK — Pour moi ?

DESMOND TUTU — Cependant, malgré toutes ces nouvelles, qu'elles soient bonnes ou mauvaises, il y a quand même de l'espoir !

DE KLERK — De l'espoir ?

DESMOND TUTU — Oui, de l'espoir, car votre discours d'investiture offre de l'espoir à notre peuple. Surtout, votre engagement à revoir le système de l'apartheid.

DE KLERK, *étonné* — Comment ? … Revoir le système ? Mais…

DESMOND TUTU — Oui ! Quand vous avez dit au paragraphe trois de votre discours que : « [l]'Afrique du Sud a besoin de tous ses enfants pour bâtir une nation arc-en-ciel ».*

DE KLERK, *mécontent* — Hmm…

DESMOND TUTU, *continue* — Et au paragraphe quatre, vous avez dit ceci : « [l]es hommes politiques de notre chère patrie doivent désormais s'écouter, s'entendre, pour le bien-être de nos compatriotes »*.

DE KLERK, *commence à comprendre l'interprétation possible de son discours, fâché contre lui-même, secoue la tête* — Hmm ! Hmm !

---

* Citation tirée du discours d'investiture de Frederik Willem de Klerk en tant que Président de l'Afrique du Sud en 1989.

DESMOND TUTU, *voit le pouvoir de sa parole sur de Klerk et le rassure* — Alors, nous sommes venus prier avec vous. Nous sommes venus vous encourager à aller encore plus loin que vos prédécesseurs…

DE KLERK — Ah bon ?

DESMOND TUTU — Oui, Votre Excellence. Nous étions déjà en pourparler avec votre prédécesseur, le Président Pieter Willem Botha. Il y avait de l'espoir qui naissait avec la libération de tous les prisonniers politiques anti-apartheid. Surtout avec la libération de notre cher Nelson Mandela.

DE KLERK, *regarde sa montre et appelle soudainement sa femme* — Marike !

MARIKE — Oui, chéri ?

DE KLERK — Tu seras en retard pour ton rendez-vous chez le médecin !

MARIKE, *apercevant Desmond Tutu* — Bonjour, Votre Excellence !

DESMOND TUTU — Bonjour, Madame la Première Dame ! Nous sommes ici pour vous féliciter ! Et pour encourager votre mari, Monsieur le Président, qui travaille si fort à l'unification de notre pays et à l'union de tous les peuples. Alors nous comptons sur votre appui auprès de lui.

MARIKE — D'accord, Monseigneur. Comme je suis en retard, nous aurons la chance d'en reparler une autre fois.

DESMOND TUTU — Oui, Madame la Première Dame. Que Dieu vous bénisse !

DE KLERK — Monseigneur, je suis désolé mais nous serons obligés d'écourter notre entretien, faute de temps.

DESMOND TUTU — Dommage que le temps ne nous permette pas de…

DE KLERK — J'ai déjà d'autres rencontres prévues dans la journée.

DESMOND TUTU — Merci, Monsieur le Président, pour toute la considération que vous accordez à nos préoccupations. Et que Dieu vous bénisse.

Il se retire.

SCÈNE 11

Début 1990, chez le président de Klerk à Pretoria.

Frederik Willem de Klerk et Marike de Klerk

DE KLERK, *se parlant tout seul au salon* — Mon Dieu ! Comment je peux prendre tout seul la décision de libérer ce terroriste Mandela ? Mais non ! Ce n'est pas normal ! C'est une trahison aux Afrikaners, une trahison à mon propre parti politique, le *National Party* de l'Afrique du Sud !

MARIKE, *voix off* — Chéri, tu parles à quelqu'un ?

DE KLERK — Non, chérie, je travaille…

MARIKE, *voix off* — D'accord.

DE KLERK — Tous mes prédécesseurs ont pu protéger notre système, notre magnifique système d'apartheid. Si je prends la décision de l'abolir, en libérant Mandela, quelle sera ma place dans l'histoire du peuple blanc de l'Afrique du Sud ?

MARIKE, *arrive et le surprend* — Il faut plutôt te demander quelle sera ta place dans l'histoire de l'humanité ! Chéri, tu es sur le bon chemin. Aie le courage et l'énergie d'offrir quelque chose d'extraordinaire à notre beau pays et au monde entier. Quelque chose que tes prédécesseurs n'ont pas su nous offrir. Donne-nous la paix ! Libère-nous de ce système dont nous souffrons tous ! Tous, sans exception. Nous sommes autant prisonniers que ceux que nous réprimons, tu le sais !

DE KLERK — Hélas, chérie ! Ce n'est pas aussi facile que tu ne le penses !

MARIKE — Oui, chéri, je comprends ! Mais, c'est le bon moment. Le temps est venu. Ça prend tout juste un coup de fil de toi, mon amour. Tu es le Président de notre patrie, l'Afrique du Sud. Appelle Madame Margaret Thatcher, la Première Ministre britannique. Parle-lui afin que nous soyons tous libres !

DE KLERK — Tu penses vraiment que je devrais abolir l'apartheid ?

MARIKE — Oui, chéri ! Je pense vraiment que tu devrais prendre cette décision. Elle nous fera tous du bien.

DE KLERK — Ne sais-tu pas que cette décision risque de te coûter ta place en tant que Première Dame ? Car, en libérant ce Nelson Mandela, avec toutes les conditions qu'il exige, comme « une personne, un vote », il nous battra aux élections puisqu'ils sont majoritaires, ces Noirs.

MARIKE — Je sais, chéri. J'ai beaucoup réfléchi à ces privilèges que nous avons. J'en ai même discuté avec des amies qui ne m'encouragent pas à te convaincre. Mais je pense à tout ce monde qui souffre, nous inclus. Tu sais, chéri, «[u]n sacrifice n'est jamais de trop pour la libération d'un peuple »*. Je suis prête à faire ce sacrifice pour l'humanité. Et toi ?

DE KLERK, *surpris* — Oh ! Oh ! Ne me dis pas que toi aussi, tu lis le livre non autorisé de Mandela ?

MARIKE — Oui, chéri, je l'ai trouvé parmi tes livres... Je crois bien que c'est toi qui l'as apporté ici à la maison ?

DE KLERK — Oui, oui... Je suis politicien, je dois le lire pour comprendre sa façon de penser pour mieux le cerner... Mais pas toi, ça ne t'apportera rien !

---

* Citation tirée de l'autobiographie de Nelson Mandela.

MARIKE — Tu penses ? Est-ce que tu savais que Rolihlahla Mandela, alias Nelson Mandela, est né à Mvezo, au sud-est du pays ?

La lumière baisse sur Marike et de Klerk.

SCÈNE 12

1927, à Mvezo, le village natale de Mandela.

Le premier jour d'école de Rolihahla.

Rolihlahla (Nelson enfant), Maman Noseki Fanny, Papa Gadla

NOSEKI, *en train de nettoyer la cour en chantant et en se parlant sur la musique Malaika de Miriam Makeba* — Aujourd'hui est un grand jour pour la famille Mandela. Eh ! Merci, Seigneur ! Aujourd'hui, le premier membre de notre famille ira à l'école occidentale. J'espère et je prie pour que tout aille bien pour lui. Rolihlahla ! Réveille-toi ! Rolihlahla !

ROLIHLAHLA, *voix off* — Oui, Maman !

NOSEKI — C'est le grand jour aujourd'hui ! Tu ne peux plus continuer à dormir comme un poulet ! Viens ici !

ROLIHLAHLA, *se présente sur scène* — Oui, maman ?

NOSEKI — Va réveiller ton papa !

ROLIHLAHLA — D'accord. Papa ! Papa ! Maman te demande…

GADLA, *entre en toussant beaucoup et en tenant une pipe à la main* — Bonjour, Noseki, ma chérie. Comment va ma troisième femme bien aimée ? … Qu'est-ce qui se passe pour que tu réveilles tout le monde ce matin de si bonne heure ? Pourtant, tu sais bien que je n'ai pas bien dormi de la nuit ! Tu comprends très bien ce que je veux dire.

NOSEKI, *retire la pipe de la main de son mari* — Tu fumes trop ! Il faut que tu fasses attention au tabac, tu sais bien que tu n'es déjà pas très bien portant à cause de ce tabac…

GADLA, *reprenant sa pipe* — D'accord.

NOSEKI — Chéri, c'est pour te rappeler que notre fils Rolihlahla commence l'école aujourd'hui.

GADLA — Je sais, chérie. Et puis ? C'est pour cela qu'on ne peut plus dormir ici, hein ?

NOSEKI — Es-tu prêt à ce qu'on l'accompagne ensemble pour son premier jour d'école ?

GADLA — Non, chérie ! Comme c'est toi qui crois en l'école des Blancs – ce que je trouve très curieux – pourquoi tu ne l'accompagnes pas, toi ?

NOSEKI — Je pensais qu'on avait déjà parlé de ça, chéri… Je sais que tu es très réticent depuis que tu as perdu ton rôle comme chef de notre tribu Xhosa auprès du gouvernement.

GADLA, *secouant la tête pour dire non* — Ouais. …

NOSEKI — Je sais aussi que c'est moi qui ai suggéré l'idée d'envoyer Rolihlahla à l'école des Blancs.

L'idée m'est venue depuis que j'ai rencontré les frères Mbekela de l'Église méthodiste. Mais tout cela ne devrait pas être une raison pour ne pas accompagner ton fils aujourd'hui, son premier jour d'école. C'est son premier contact avec le monde extérieur. Surtout, rappelle-toi, tu avais donné ton accord !

GADLA — D'accord, Noseki. Mais, en ce qui concerne la perte de mes pouvoirs, ne t'en fais pas, chérie. Je suis encore celui que je dois être. Je suis toujours le Chef !

NOSEKI — Comment ça ? Tu me caches quelque-chose ?

GADLA — Non, je suis toujours le Chef qui a quatre épouses. Sais-tu comment il est difficile de maîtriser *une* femme ? À plus forte raison quatre ! Ha ! Ha !

NOSEKI — Non !

GADLA — Hmm ! Oui ! Alors, moi, je suis fier parce que j'en maîtrise quatre ! Et rien ne m'enlèvera ce pouvoir, n'est-ce pas Noseki ?

NOSEKI — Oui, oui ! ... Alors, prépare donc notre fils avec tes conseils de chef.

GADLA — Rolihlahla !

ROLIHLAHLA — Oui, papa.

GADLA — Viens ! Puisque ta mère tient fort à ce que tu partes à l'école des Blancs au lieu de travailler dans le champ de maïs, je n'ai d'autre choix que de te préparer à affronter le monde extérieur.

ROLIHLAHLA — D'accord, papa. *(L'enfant est très content.)* Je vais bien me comporter à l'école. J'aime aller à l'école des Blancs. Tu viens avec nous ? Avec maman et moi ?

GADLA, *rit et continue à donner ses conseils* — Nous sommes des Xhosas. Nous respectons notre prochain.

ROLIHLAHLA — Oui, papa, je comprends.

GADLA — La paresse ne fait pas partie de nos coutumes, même avec la perte de mes pouvoirs et de ma fonction de représentant du gouvernement, je me tiens debout sur mes deux pieds et suis fort comme ce grand arbre, le baobab. Donc, écoute bien quand la maîtresse te parle ! Ne dors pas en classe comme ta…

NOSEKI, *lui coupe la parole* — Merci, chéri… Mais où sont ses nouveaux habits pour sa première journée d'école ?

GADLA — Nouveaux habits ? Il n'en a pas besoin. Et…

NOSEKI — Mais, il ne peut pas aller à l'école avec une couverture !

GADLA — Ah ! … Je sais. Je vais bientôt l'habiller… Ah, les femmes ! Elles se stressent trop vite pour rien. Juste pour une question d'habits, elle est prise de panique !

NOSEKI — En tout cas, il faut t'en occuper vite. D'accord ?

GADLA — Oui. Rolihlahla, apporte-moi un de mes vieux pantalons qui se trouvent dans le placard.

L'enfant lui apporte une paire, que son père coupe. Il le passe à Rolihlahla qui est fier de porter cet habit. Il lui donne une corde qu'il utilise comme ceinture.

NOSEKI — Tu nous accompagnes ?

GADLA, *se remet à tousser* — Non, je vais me reposer un peu… *(Noseki prend la main de son fils pour le conduire à l'école. Subitement, son mari l'appelle.)* Noseki ! Viens. Je veux te dire ceci : ne t'inquiète pas pour ma santé. *(Un peu hésitant.)* Mais tu sais, s'il m'arrivait quelque chose, tu amèneras le jeune Rolihlahla chez le Régent, le roi de Thembu. C'est mon meilleur ami. Il m'a promis de prendre soin de notre fils, si jamais… *(Un temps. Puis sur un ton plus décisif.)* Tu sais que c'est moi qui l'ai vraiment aidé pour qu'il devienne le Roi ! Il me doit beaucoup ! Tout ! *(Il se remet à tousser.)*

ROLIHLAHLA — Maman, pourquoi papa tousse tout le temps ?

NOSEKI — Tu sais, mon fils, ton père fume beaucoup et le tabac n'est pas bon pour la santé. *(Elle prend l'enfant par la main.)* Viens, tu ne peux pas être en retard pour ton premier jour d'école.

SCÈNE 13

Retour à 1990, chez le président Frederik de Klerk à Pretoria.

Frederik Willem de Klerk, Marike de Klerk

MARIKE — Et c'est justement le premier jour d'école que son enseignante mademoiselle Mdigane lui a donné le prénom de Nelson... Les enfants prenaient nos noms, plus faciles à prononcer et...

DE KLERK — Ça va, Marike, je pense que tu es déjà...

MARIKE — De toutes les façons, on n'a pas d'autre choix que d'aller vers la paix. Le pays se meurt à petit feu avec toutes ces sanctions économiques qui l'étouffent. Surtout, n'oublie pas ce que tu as promis à la communauté internationale...

DE KLERK — Je sais, chérie ! Mais, je pense qu'on doit attendre encore un peu...

MARIKE, *s'approche du téléphone* — Non ! Chéri, il faut que tu respectes ton engagement. Tu viens de promettre à Joe Clark, le ministre canadien des Affaires étrangères, que tu prendrais bientôt une décision favorable aux yeux du gouvernement canadien. Le Canada, comme plusieurs pays, demande la libération de Mandela depuis bien longtemps !

DE KLERK, *sans un mot, se lève et soupire* — Hmmm...

MARIKE, *compose le numéro et lui tend le téléphone* — Vas-y, chéri. Je suis là, je t'appuie.

DE KLERK — Hmmm ! Allô ? Ici, Monsieur Frederik Willem de Klerk, le Président de l'Afrique du Sud. Pourrai-je parler à Madame la Première Ministre Margaret Thatcher ? *(Un temps.)* Oui, certainement. *(Un temps.)* Oui, Madame la Première Ministre ? Ici, le Président de Klerk.

(Un temps.)

DE KLERK — Bien, et vous ?

(Un temps.)

DE KLERK — D'accord. Oui, oui, exact…

MARIKE, *lui fait des signes et parle très doucement* — Vas-y, chéri !

DE KLERK, *inspire profondément* — Bon, voilà… Je vous appelle pour vous annoncer qu'à partir du 11 février de cette année 1990, Nelson Mandela sera un homme libre ! *(Il lance un regard vers Marike.)*

Noir.

Projection sur une toile de fond de l'image de la libération de Mandela en 1990.

Scène 14

Tous les comédiens qui ne sont pas sur scène se trouvent placés ici et là dans le public pour accueillir Madiba et Winnie avec joie. Ils sont là pour encourager les spectateurs à faire comme eux : se mettre debout pour acclamer et célébrer Nelson Mandela. Cette scène représente le jour de la libération de Mandela.

Madiba, Winnie Mandela, Desmond Tutu et la foule

*Sur la musique de « Freedom is coming tomorrow ».**

MADIBA — Amandla !

DESMOND TUTU, *se trouve dans la foule* — Le Pouvoir !

WINNIE MANDELA — Ngawetu !

LA FOULE — Au peuple !

MADIBA — Amandla !

LA FOULE — Madiba !

MADIBA — Merci ! Merci !

LA FOULE — Mandela !

Il est accueilli, encerclé par la foule. Il se met à danser. Les autres se mettent à danser autour de lui.

Fin

---

* La chanson *Freedom is coming tomorrow* de Khanyo Maphumulo, figure emblématique de musique sud-africaine.

Remerciements

Un grand merci aux comédiennes et aux comédiens qui ont pris part les 5, 6 et 7 juin 2014, à la première présentation théâtrale d'une version plus longue de cette pièce, dans la salle Martial-Caron de l'Université de Saint-Boniface à Winnipeg (Manitoba) Canada. Merci à la Troupe Ambigüe du Manitoba qui a produit la pièce, à la troupe universitaire Chiens de soleil, à l'Université de Saint-Boniface (USB) et au Service d'animation culturelle de l'USB pour leur appui important à l'aboutissement de cette œuvre.

Distribution

Rolihlahla Mandela (jeune)	Zakary Dembélé, Manitoba (Canada)
Nelson Mandela (adulte)	Lacina Dembélé (Côte d'Ivoire)
Madiba (Mandela plus âgé)	Ibrahima Diallo (Sénégal)
Walter Sisulu (jeune)	Ben Marega (Sénégal)
Walter Sisulu (plus âgé)	Mamadou Ka (Côte d'Ivoire)
Nat Bregman	Philippe Bellefeuille, Manitoba (Canada)
Justice (jeune)	Lionel Farat (Congo)
Justice (adulte)	Cheick Diallo (Mali)
Mavis (fille du révérend Cécile Harris, directeur du lycée de Mandela et son tuteur)	Magalie Chinchilla Chaput Manitoba (Canada)
Nomafou (la sœur de Nelson)	Amina Dembélé, Manitoba (Canada)
Zindzi (Zindziswa) Mandela (fille de Nelson) et Evelyn Mase (première épouse de Nelson)	Hadeye Touré (Mali)
James Gregory (Chef des gardes)	Mohamed Belkasseh (Maroc)
Christo Brand (garde de prison)	Nabil Toumi (Maroc)
Brian Wildlake (journaliste)	Abdoulaye Cissoko (Mauritanie)

Frederik de Klerk (Président de l'Afrique du Sud)	Christian Perron, Manitoba (Canada)
Desmund Tutu (Archevêque)	Desiré Kammogne (Cameroun)
Nosekeni (Noseki) Fanny (mère de Nelson)	Kadidja Komah (Côte d'Ivoire)
Marike de Klerk (épouse de Frederik)	Camille Legal, Manitoba (Canada)
Papa Gadla Henry (père de Nelson)	Daouda Dembélé (Côte d'Ivoire)
Winnie Mandela (seconde épouse de Nelson)	Bintou Sacko(Mali)
Le Régent (père adoptif de Nelson)	Mamadou Diallo (Sénégal)
Les chanteurs du group Namwira Folks	Trésor Namwira et Famille (République démocratique du Congo)
Régie et décor :	Bintou Touré (Mali)
Équipe technique :	Lacina Dembélé (Côte d'Ivoire) et Ainza Bellefeuille, Manitoba (Canada)

Ma gratitude va également à l'endroit de toutes les personnes de bonne volonté qui, par leur disponibilité et leurs judicieux conseils, ont permis la réalisation de cette œuvre.

Lise Gaboury-Diallo, professeure à la faculté des Arts à l'Université de Saint-Boniface, originaire de Winnipeg, Canada

Rhéal Cenerini, dramaturge et écrivain à La Salle, Manitoba, Canada

Bintou Ba, juriste stagiaire à Montréal, originaire du Mali

Jacob Atangana–Abé, d'origine camerounaise, professeur agrégé à l'École d'administration des affaires de l'Université de Saint-Boniface (Winnipeg) au Manitoba.

www.ingramcontent.com/pod-product-compliance
Ingram Content Group UK Ltd.
Pitfield, Milton Keynes, MK11 3LW, UK
UKHW021102270726
13994UKWH00010B/2417

9 782924 378489